대한민국 법령 시리즈 220

교육공무원법

법령

해광출판사

머리말

이 책은 방대한 법전을 보지 않고 간편하게 해당되는 법령만 참고해서 볼 수 있도록 하였습니다. 공공기관이나 관련 종사자들이 쉽고 간편하게 해당 법령을 참조 할 수 있도록 하였습니다.

법률이라는 것이 크든 작든 항상 변하는 관계로, 출간 이후의 정확하고 최신의 법률은 법제처 국가법령정보센터에서 확인이 가능하니 법률의 실제 적용 시 확인이 필요한 점 유의하기를 바랍니다.

편집부

* 수록 법률은 법제처 국가법령정보센터에서 확인 가능합니다.
* 발행일 기준 시행 법률이므로 최신 법령은 위 센터에서 볼 수 있습니다.
* 본 책자에 수록된 법률의 문구에 대하여 법적인 효력은 없으며,
  실제 적용 법률은 위 센터에서 최신의 법률로 확인하시기 바랍니다.
* 해당 법령과 함께 시행령, 시행규칙도 수록되어 있습니다.
* 발행일 기준으로 개정 예정 법률은 밑줄로 별도 표시되어 있으며,
  보다 정확한 것은 법제처에서 확인하기 바랍니다.

목차

교육공무원법

[시행 2024. 9. 20.] [법률 제20377호, 2024. 3. 19., 타법개정]

**개정 예정 법률 밑줄 별도 표시.

교육공무원법

[시행 2024. 9. 20.] [법률 제20377호, 2024. 3. 19., 타법개정]

제1장 총칙 〈개정 2011. 9. 30.〉

제1조(목적) 이 법은 교육을 통하여 국민 전체에게 봉사하는 교육공무원의 직무와 책임의 특수성에 비추어 그 자격ㆍ임용ㆍ보수ㆍ연수 및 신분보장 등에 관하여 교육공무원에게 적용할 「국가공무원법」 및 「지방공무원법」에 대한 특례를 규정함을 목적으로 한다.

[전문개정 2011. 9. 30.]

제2조(정의) ① 이 법에서 "교육공무원"이란 다음 각 호의 어느 하나에 해당하는 사람을 말한다.

1. 교육기관에 근무하는 교원 및 조교
2. 교육행정기관에 근무하는 장학관 및 장학사
3. 교육기관, 교육행정기관 또는 교육연구기관에 근무하는 교육연구관 및 교육연구사

② 이 법에서 "교육전문직원"이란 제1항제2호 및 제3호에 따른 교육공무원을 말한다. 〈신설 2012. 12. 11.〉

③ 이 법에서 "교육기관"이란 다음 각 호의 어느 하나에 해당하는 국립 또는 공립의 학교 또는 기관을 말한다. 〈개정 2012. 12. 11., 2015. 3. 27.〉

1. 「유아교육법」 제2조제2호의 유치원, 「초·중등교육법」 제2조 및 「고등교육법」 제2조의 학교

2. 제39조제1항에 따른 연수기관

3. 교육 관계 법령이나 교육 관계 조례에 따라 설치된 학생수련기관 등 교육연수기관

④ 이 법에서 "교육행정기관"이란 국가교육위원회, 교육부 및 그 소속 기관과 특별시·광역시·특별자치시·도 또는 특별자치도(이하 "시·도"라 한다)의 교육 관서를 말한다. 〈개정 2012. 12. 11., 2013. 3. 23., 2015. 3. 27., 2021. 7. 20.〉

⑤ 이 법에서 "교육연구기관"이란 교육에 관하여 전문적으로 조사·연구를 하기 위하여 설립된 국립 또는 공립의 기관을 말한다. 〈개정 2012. 12. 11.〉

⑥ 이 법에서 "임용"이란 신규채용, 승진, 승급, 전직(轉職), 전보(轉補), 겸임, 파견, 강임(降任), 휴직, 직위해제, 정직(停職), 복직, 면직, 해임 및 파면을 말한다. 〈개정 2012. 12. 11.〉

⑦ 이 법에서 "직위"란 1명의 교육공무원에게 부여할 수 있는 직무와 책임을 말한다. 〈개정 2012. 12. 11.〉

⑧ 이 법에서 "전직"이란 교육공무원의 종류와 자격을 달리하여 임용하는 것을 말한다. 〈개정 2012. 12. 11.〉

⑨ 이 법에서 "전보"란 교육공무원을 같은 직위 및 자격에서 근무기관이나 부서를 달리하여 임용하는 것을 말한다. 〈개정 2012. 12. 11.〉

⑩ 이 법에서 "강임"이란 같은 종류의 직무에서 하위 직위에 임용하는 것을 말한다. 〈개정 2012. 12. 11.〉

⑪ 이 법에서 “복직”이란 휴직, 직위해제 또는 정직 중에 있는 교육공무원을 직위에 복귀시키는 것을 말한다. 〈개정 2012. 12. 11.〉

[전문개정 2011. 9. 30.]

제2장 교육공무원 인사위원회 〈개정 2011. 9. 30.〉

제3조(인사위원회의 설치) ① 교육공무원(공립대학에 근무하는 교육공무원 및 교육감 소속 교육전문직원은 제외한다. 이하 이 조 및 제4조에서 같다)의 인사에 관한 중요 사항에 관하여 교육부장관이 자문할 수 있도록 교육부에 교육공무원 인사위원회(이하 “인사위원회”라 한다)를 둔다. 〈개정 2012. 12. 11., 2013. 3. 23.〉

② 인사위원회는 위원장 1명을 포함한 7명의 위원으로 구성한다.

③ 위원장은 교육부차관이 되고, 위원은 7년 이상의 교육경력 또는 교육행정경력이 있고 인사행정에 관한 식견이 풍부한 사람 중에서 교육부장관의 제청으로 대통령이 위촉한다. 〈개정 2013. 3. 23.〉

④ 인사위원회의 운영에 필요한 사항은 대통령령으로 정한다.

[전문개정 2011. 9. 30.]

제4조(인사위원회의 기능) 교육부장관은 다음 각 호의 사항에 대하여는 인사위원회의 심의를 거쳐야 한다. 〈개정 2013. 3. 23.〉

1. 교육공무원의 인사행정에 관한 방침 및 기준의 결정과 기본계획 수립에 관한 사항

2. 교육공무원의 인사에 관한 법령의 제정 · 개정 또는 폐지에 관한 사항

3. 그 밖에 교육공무원의 인사에 관한 중요한 사항

[전문개정 2011. 9. 30.]

제5조(대학인사위원회) ① 다음 각 호의 사항을 심의하기 위하여 「고등교육법」 제2조 각 호의 학교(이하 "대학"이라 한다. 다만, 제11조의5제3항부터 제5항까지, 제24조, 제24조의2, 제24조의3 및 제25조부터 제27조까지는 제외한다)에 인사위원회(이하 "대학인사위원회"라 한다)를 둔다. 〈개정 2011. 7. 21., 2016. 1. 27., 2018. 12. 18., 2020. 1. 29.〉

1. 부총장, 대학원장 및 단과대학장에 대한 보직 동의
2. 교수, 부교수 및 조교수에 대한 임용 동의
3. 그 밖에 대학 교원 인사에 관한 중요 사항

② 대학인사위원회의 구성·기능 및 운영에 필요한 사항은 대통령령으로 정하되, 위원의 일정 비율 이상은 여성으로 한다.

[전문개정 2011. 9. 30.]

제5조(대학인사위원회) ① 다음 각 호의 사항을 심의하기 위하여 「고등교육법」 제2조 각 호의 학교(이하 "대학"이라 한다. 다만, 제11조의6제3항부터 제5항까지, 제24조, 제24조의2, 제24조의3 및 제25조부터 제27조까지는 제외한다)에 인사위원회(이하 "대학인사위원회"라 한다)를 둔다. 〈개정 2011. 7. 21., 2016. 1. 27., 2018. 12. 18., 2020. 1. 29., 2025. 3. 18.〉

1. 부총장, 대학원장 및 단과대학장에 대한 보직 동의
2. 교수, 부교수 및 조교수에 대한 임용 동의
3. 그 밖에 대학 교원 인사에 관한 중요 사항

② 대학인사위원회의 구성·기능 및 운영에 필요한 사항은 대통령령

령으로 정하되, 위원의 일정 비율 이상은 여성으로 한다.
[전문개정 2011. 9. 30.]
[시행일: 2025. 9. 19.] 제5조

제3장 자격 〈개정 2011. 9. 30.〉

제6조(교사의 자격) 교사는 「유아교육법」 제22조제2항 및 「초·중등교육법」 제21조제2항에 따른 자격이 있는 사람이어야 한다.
[전문개정 2011. 9. 30.]

제6조의2(수석교사의 자격) 수석교사는 「유아교육법」 제22조제3항 및 「초·중등교육법」 제21조제3항의 자격이 있는 사람이어야 한다.
[본조신설 2011. 7. 25.]

제7조(교장·교감 등의 자격) 교장·교감·원장·원감은 「유아교육법」 제22조제1항 및 「초·중등교육법」 제21조제1항에 따른 자격이 있는 사람이어야 한다.
[전문개정 2011. 9. 30.]

제8조(교수 등의 자격) 교수, 부교수, 조교수 및 조교는 「고등교육법」 제16조에 따른 자격이 있는 사람이어야 한다. 〈개정 2011. 7. 21.〉
[전문개정 2011. 9. 30.]

제9조(교육전문직원의 자격) 교육전문직원은 별표 1의 기준에 따른 자격이 있는 사람이어야 한다. 〈개정 2012. 12. 11.〉
[전문개정 2011. 9. 30.]

제4장 임용 〈개정 2011. 9. 30.〉

제10조(임용의 원칙) ① 교육공무원의 임용은 그 자격, 재교육성적, 근무성적, 그 밖에 실제 증명되는 능력에 의하여 한다.

② 교육공무원의 임용은 교원으로서의 자격을 갖추고 임용을 원하는 모든 사람에게 능력에 따른 균등한 임용의 기회가 보장되어야 한다.

[전문개정 2011. 9. 30.]

제10조의2(외국인 교원) 대학은 교육이나 연구를 위하여 외국인을 교원으로 임용할 수 있다.

[전문개정 2011. 9. 30.]

제10조의3(채용의 제한) ① 이 법에 따른 교원(제32조에 따른 기간제교원을 포함한다), 「사립학교법」에 따른 사립학교 교원(「사립학교법」 제54조의4에 따른 기간제교원을 포함한다), 「유아교육법」 제23조에 따른 강사 등 또는 「초·중등교육법」 제22조에 따른 산학겸임교사등으로 재직하는 동안 다음 각 호의 어느 하나의 행위로 인하여 파면·해임되거나 금고 이상의 형을 선고받은 사람(집행유예의 형을 선고받은 후 그 집행유예기간이 지난 사람을 포함한다)은 「유아교육법」 제2조제2호의 유치원 및 「초·중등교육법」 제2조의 학교(이하 "고등학교 이하 각급학교"라 한다)의 교원으로 채용될 수 없다. 다만, 제50조제1항에 따른 교육공무원징계위원회에서 해당 교원의 반성 정도 등을 고려하여 교원으로서 직무를 수행할 수 있다고 의결한 경우에는 그러하지 아니하다. 〈개정 2010. 4. 15., 2011. 5. 19., 2015. 3. 27., 2021. 3. 23., 2022. 10. 18.〉

1. 삭제 〈2012. 1. 26.〉

2. 금품 수수(授受) 행위

3. 시험문제 유출 및 성적조작 등 학생성적 관련 비위 행위

4. 학생에 대한 신체적 폭력 행위

② 제1항 단서에 따른 교육공무원징계위원회의 의결은 재적위원 3분의 2 이상의 출석과 출석위원 과반수의 찬성으로 한다.

[본조신설 2008. 3. 14.]

제10조의4(결격사유) 다음 각 호의 어느 하나에 해당하는 사람은 교육공무원으로 임용될 수 없다. 〈개정 2016. 1. 27., 2021. 3. 23., 2022. 10. 18.〉

1. 「국가공무원법」 제33조 각 호의 어느 하나에 해당하는 사람

2. 미성년자에 대한 다음 각 목의 어느 하나에 해당하는 행위로 파면·해임되거나 형 또는 치료감호를 선고받아 그 형 또는 치료감호가 확정된 사람(집행유예를 선고받은 후 그 집행유예기간이 지난 사람을 포함한다)

가. 「성폭력범죄의 처벌 등에 관한 특례법」 제2조에 따른 성폭력범죄 행위

나. 「아동·청소년의 성보호에 관한 법률」 제2조제2호에 따른 아동·청소년대상 성범죄 행위

3. 성인에 대한 「성폭력범죄의 처벌 등에 관한 특례법」 제2조에 따른 성폭력범죄 행위로 파면·해임되거나 100만원 이상의 벌금형이나 그 이상의 형 또는 치료감호를 선고받아 그 형 또는 치료감호가 확정된 사람(집행유예를 선고받은 후 그 집행유예기간이 지난 사

람을 포함한다)

4. 마약·대마 또는 향정신성의약품 중독자

[본조신설 2012. 1. 26.]

제10조의5(벌금형의 분리 선고) 「형법」 제38조에도 불구하고 교육공무원에게 다음 각 호의 어느 하나에 해당하는 죄와 다른 죄의 경합범(競合犯)에 대한 벌금형을 선고하는 경우에는 이를 분리하여 선고하여야 한다.

1. 「국가공무원법」 제33조제6호의2 또는 제6호의3에 규정된 죄
2. 제10조의4제3호에 규정된 죄

[본조신설 2018. 12. 18.]

제11조(교사의 신규채용 등) ① 교사의 신규채용은 공개전형으로 한다. 이 경우 임용권자는 별표 2에 해당하는 사람에게 제1차 시험성적 만점의 100분의 10 이내의 범위에서 가산점을 줄 수 있다.

② 임용권자는 원활한 결원 보충 및 학교 운영을 위하여 필요한 경우 근무 예정 지역 또는 근무 예정 학교를 미리 정하여 공개전형으로 채용시험을 실시할 수 있다. 이 경우 임용권자는 그 시험에 따라 채용된 교사에 대하여 10년 이내의 범위에서 대통령령으로 정하는 기간 동안 다른 지역 또는 다른 학교로의 전보를 제한할 수 있다.

③ 제1항 및 제2항에 따라 공개전형을 실시하는 경우 국립 학교의 장은 그 전형을 해당 학교가 소재하는 시·도의 교육감에게 위탁하여 실시할 수 있다. 〈신설 2016. 1. 27., 2021. 3. 23.〉

④ 제1항 및 제2항에 따른 공개전형을 하는 경우 담당할 직무 수행에 필요한 자격요건, 공개전형의 절차·방법 및 평가요소 등 공개

전형에 필요한 사항은 대통령령으로 정한다. 〈개정 2016. 1. 27., 2022. 10. 18.〉

[전문개정 2011. 9. 30.]

제11조의2(부정행위자에 대한 조치) ① 제11조에 따른 교사 공개전형 채용시험에서 부정한 행위를 한 사람에 대해서는 그 시험을 정지 또는 무효로 하고 그 처분이 있은 날부터 5년간 이 법에 따른 시험의 응시자격을 정지한다. 〈개정 2021. 3. 23.〉

② 임용권자 및 교육감 등 공개전형 시험을 실시하는 기관의 장은 제1항에 따른 처분을 하였을 때에는 지체 없이 그 이유를 붙여 처분을 받은 사람에게 알리고, 교육부장관과 다른 지방교육행정기관에 그 처분을 받은 사람과 그 처분을 한 이유를 보고 또는 통보하여야 한다. 〈개정 2021. 3. 23.〉

③ 부정행위를 한 사람이 공무원인 경우 공개전형 시험을 실시하는 기관의 장은 관할 징계위원회에 징계의결을 요구하거나 그 공무원의 소속 기관의 장에게 징계를 요구하여야 한다.

[본조신설 2016. 1. 27.]

[종전 제11조의2는 제11조의3으로 이동 〈2016. 1. 27.〉]

제11조의3(대학 교원의 신규채용 등) ① 대학의 교원을 신규채용할 때에는 특정 대학에서 학사학위를 취득한 사람이 편중되지 아니하도록 하여야 하며, 그 구체적인 채용 비율 등은 대통령령으로 정한다.

② 대학의 교원을 신규채용할 때에는 심사위원을 임명하거나 위촉하여 객관적이고 공정한 심사를 거쳐야 한다.

③ 제2항에 따른 심사위원의 임명·위촉 방법, 심사단계, 심사방

법 및 그 밖에 심사에 필요한 사항은 대통령령으로 정한다.

[전문개정 2011. 9. 30.]

[제11조의2에서 이동, 종전 제11조의3은 제11조의4로 이동 〈2016. 1. 27.〉]

제11조의3(대학 교원의 신규채용 등) ① 대학의 교원을 신규채용할 때에는 특정 대학에서 학사학위를 취득한 사람이 편중되지 아니하도록 하여야 하며, 그 구체적인 채용 비율 등은 대통령령으로 정한다.

② 대학의 교원을 신규채용할 때에는 심사위원을 임명하거나 위촉하여 객관적이고 공정한 심사를 거쳐야 한다.

③ 임용권자는 제1항에 따른 채용을 위하여 필요한 경우 해당 대학의 교원으로 임용되고자 하는 사람이 제출한 서류 등을 검증할 수 있다. 〈신설 2025. 3. 18.〉

④ 제2항 및 제3항에 따른 심사위원의 임명·위촉 방법, 심사단계, 심사방법, 서류 등의 검증 및 그 밖에 심사에 필요한 사항은 대통령령으로 정한다. 〈개정 2025. 3. 18.〉

[전문개정 2011. 9. 30.]

[제11조의2에서 이동, 종전 제11조의3은 제11조의4로 이동 〈2016. 1. 27.〉]

[시행일: 2025. 9. 19.] 제11조의3

제11조의4(계약제 임용 등) ① 대학의 교원은 대통령령으로 정하는 바에 따라 근무기간, 급여, 근무조건, 업적 및 성과 약정 등 계약조건을 정하여 임용할 수 있다.

② 제1항에 따라 임용된 교원의 임용권자는 그 교원의 임용기간

이 끝나기 4개월 전까지 임용기간이 끝난다는 사실과 재임용 심의를 신청할 수 있음을 그 교원에게 문서로 통지하여야 한다.

③ 제2항에 따라 통지를 받은 교원이 재임용을 받으려면 통지를 받은 날부터 15일 이내에 임용권자에게 재임용 심의를 신청하여야 한다.

④ 제3항에 따른 재임용 심의를 신청받은 임용권자는 대학인사위원회의 재임용 심의를 거쳐 해당 교원을 재임용할지 결정하고 그 사실을 임용기간이 끝나기 2개월 전까지 그 교원에게 문서로 통지하여야 한다. 이 경우 그 교원을 재임용하지 아니하기로 결정하였을 때에는 재임용하지 아니하겠다는 의사와 재임용 거부 사유를 구체적으로 밝혀 통지하여야 한다.

⑤ 대학인사위원회가 제4항에 따라 해당 교원의 재임용에 대하여 심의할 때에는 다음 각 호의 사항에 관한 평가 등 객관적인 사유로서 학칙으로 정하는 사유에 근거하여야 한다. 이 경우 심의 과정에서 15일 이상의 기간을 정하여 해당 교원에게 지정된 날짜에 대학인사위원회에 출석하여 의견을 진술하거나 서면으로 의견을 제출할 기회를 주어야 한다. 〈개정 2017. 11. 28.〉

1. 학생 교육에 관한 사항

2. 학문 연구에 관한 사항

3. 학생 지도에 관한 사항

4. 「산업교육진흥 및 산학연협력촉진에 관한 법률」 제2조제6호에 따른 산학연협력에 관한 사항

⑥ 대학인사위원회는 교원의 재임용을 심의하는 경우 해당 교원의

평가 등에 제5항 각 호의 사항에 대한 실적과 성과가 「고등교육법」 제15조에 따른 해당 교원의 임무에 비추어 적정하게 반영될 수 있도록 필요한 조치를 취하여야 한다. 〈신설 2017. 11. 28.〉

⑦ 재임용이 거부된 교원이 재임용 거부처분에 불복하려는 경우에는 그 처분이 있음을 안 날부터 30일 이내에 「교원의 지위 향상 및 교육활동 보호를 위한 특별법」 제7조에 따른 교원소청심사위원회에 심사를 청구할 수 있다. 〈개정 2016. 2. 3., 2017. 11. 28.〉

[전문개정 2011. 9. 30.]

[제11조의3에서 이동, 종전 제11조의4는 제11조의5로 이동 〈2016. 1. 27.〉]

제11조의5(양성평등을 위한 임용계획의 수립 등) ① 국가와 지방자치단체는 대학의 교원 임용에서 양성평등을 위하여 필요한 정책을 수립·시행하여야 한다.

② 교육부장관과 지방자치단체의 장은 제1항에 따른 정책을 수립하기 위하여 대학의 교원 임용에서 양성평등 관련 실태조사를 실시할 수 있으며, 실태조사의 방법과 내용 등에 필요한 사항은 대통령령으로 정한다. 〈신설 2018. 12. 18.〉

③ 국가는 국가가 설립·경영하는 전체 대학(「고등교육법」 제2조 제1호부터 제3호까지 및 제5호의 학교를 말한다. 이하 제4항 및 제5항에서 같다) 교원 중 특정 성별이 4분의 3을 초과하지 아니하도록 노력하여야 한다. 이 경우 교원의 성별 구성에 관한 연도별 목표 비율은 대통령령으로 정한다. 〈신설 2020. 1. 29.〉

④ 지방자치단체는 해당 지방자치단체가 설립·경영하는 전체 대

학 교원 중 특정 성별이 4분의 3을 초과하지 아니하도록 노력하여야 한다. 이 경우 교원의 성별 구성에 관한 연도별 목표 비율은 해당 지방자치단체의 조례로 정한다. 〈신설 2020. 1. 29.〉

⑤ 대학의 장은 대학의 교원을 임용할 때 특정 성별에 편중되지 아니하도록 3년마다 계열별 임용 목표비율이 제시된 임용계획 등 적극적 조치를 시행하기 위하여 필요한 계획을 교육부장관(지방자치단체가 설립·경영하는 대학의 경우에는 해당 지방자치단체의 장을 말한다. 이하 이 항에서 같다)과 협의하여 수립한 후 시행하여야 한다. 이 경우 그 추진 실적을 매년 교육부장관에게 제출하여야 한다. 〈개정 2013. 3. 23., 2018. 12. 18., 2020. 1. 29.〉

⑥ 국가와 지방자치단체는 제5항에 따른 계획 및 그 추진 실적을 매년 평가하여 공표하여야 하며, 평가결과를 반영하여 행정적·재정적 지원을 할 수 있다. 〈개정 2018. 12. 18., 2020. 1. 29.〉

⑦ 교육부장관과 지방자치단체의 장은 제1항에 따른 정책 수립과 제2항에 따른 실태조사 및 제6항에 따른 평가를 위하여 관계 중앙행정기관의 장 및 대학의 장 등 관련 기관·단체의 장에게 필요한 자료 요청을 할 수 있으며, 요청받은 관련 기관·단체의 장은 특별한 사유가 없으면 이에 협조하여야 한다. 〈신설 2018. 12. 18., 2020. 1. 29.〉

⑧ 제5항에 따른 계열별 구분과 계획의 수립 및 제6항에 따른 평가의 방법·절차 등 필요한 사항은 대통령령으로 정한다. 〈개정 2018. 12. 18., 2020. 1. 29.〉

[전문개정 2011. 9. 30.]

[제11조의4에서 이동 〈2016. 1. 27.〉]

제11조의5(대학 교원 임용 부정행위자에 대한 조치) 임용권자는 대학의 교원으로 임용된 사람이 학위, 경력 및 자격 등 대통령령으로 정하는 중요한 사항을 고의로 사실과 다르게 기재하거나 누락한 경우 대학인사위원회의 심의를 거쳐 사실과 다르게 기재하거나 누락한 내용이 임용에 결정적인 영향을 미쳤다고 인정되는 때에는 임용을 취소할 수 있다.

[본조신설 2025. 3. 18.]

[종전 제11조의5는 제11조의6으로 이동 〈2025. 3. 18.〉]

[시행일: 2025. 9. 19.] 제11조의5

제11조의6(양성평등을 위한 임용계획의 수립 등) ① 국가와 지방자치단체는 대학의 교원 임용에서 양성평등을 위하여 필요한 정책을 수립·시행하여야 한다.

② 교육부장관과 지방자치단체의 장은 제1항에 따른 정책을 수립하기 위하여 대학의 교원 임용에서 양성평등 관련 실태조사를 실시할 수 있으며, 실태조사의 방법과 내용 등에 필요한 사항은 대통령령으로 정한다. 〈신설 2018. 12. 18.〉

③ 국가는 국가가 설립·경영하는 전체 대학(「고등교육법」 제2조 제1호부터 제3호까지 및 제5호의 학교를 말한다. 이하 제4항 및 제5항에서 같다) 교원 중 특정 성별이 4분의 3을 초과하지 아니하도록 노력하여야 한다. 이 경우 교원의 성별 구성에 관한 연도별 목표비율은 대통령령으로 정한다. 〈신설 2020. 1. 29.〉

④ 지방자치단체는 해당 지방자치단체가 설립·경영하는 전체 대

학 교원 중 특정 성별이 4분의 3을 초과하지 아니하도록 노력하여야 한다. 이 경우 교원의 성별 구성에 관한 연도별 목표 비율은 해당 지방자치단체의 조례로 정한다. 〈신설 2020. 1. 29.〉

⑤ 대학의 장은 대학의 교원을 임용할 때 특정 성별에 편중되지 아니하도록 3년마다 계열별 임용 목표비율이 제시된 임용계획 등 적극적 조치를 시행하기 위하여 필요한 계획을 교육부장관(지방자치단체가 설립·경영하는 대학의 경우에는 해당 지방자치단체의 장을 말한다. 이하 이 항에서 같다)과 협의하여 수립한 후 시행하여야 한다. 이 경우 그 추진 실적을 매년 교육부장관에게 제출하여야 한다. 〈개정 2013. 3. 23., 2018. 12. 18., 2020. 1. 29.〉

⑥ 국가와 지방자치단체는 제5항에 따른 계획 및 그 추진 실적을 매년 평가하여 공표하여야 하며, 평가결과를 반영하여 행정적·재정적 지원을 할 수 있다. 〈개정 2018. 12. 18., 2020. 1. 29.〉

⑦ 교육부장관과 지방자치단체의 장은 제1항에 따른 정책 수립과 제2항에 따른 실태조사 및 제6항에 따른 평가를 위하여 관계 중앙행정기관의 장 및 대학의 장 등 관련 기관·단체의 장에게 필요한 자료 요청을 할 수 있으며, 요청받은 관련 기관·단체의 장은 특별한 사유가 없으면 이에 협조하여야 한다. 〈신설 2018. 12. 18., 2020. 1. 29.〉

⑧ 제5항에 따른 계열별 구분과 계획의 수립 및 제6항에 따른 평가의 방법·절차 등 필요한 사항은 대통령령으로 정한다. 〈개정 2018. 12. 18., 2020. 1. 29.〉

[전문개정 2011. 9. 30.]

[제11조의5에서 이동 〈2025. 3. 18.〉]

[시행일: 2025. 9. 19.] 제11조의6

제12조(경력경쟁채용 등) ① 다음 각 호의 어느 하나에 해당하는 경우에는 대통령령으로 정하는 바에 따라 경력 등 응시요건을 정하여 같은 사유에 해당하는 다수인을 대상으로 경쟁의 방법으로 채용하는 시험(이하 "경력경쟁채용시험"이라 한다)으로 교육공무원을 채용할 수 있다. 다만, 제1호, 제4호 및 제5호의 어느 하나에 해당하는 경우 중 다수인을 대상으로 시험을 실시하는 것이 적당하지 아니하여 대통령령으로 정하는 경우에는 다수인을 대상으로 하지 아니하는 시험으로 교육공무원을 채용할 수 있다. 〈개정 2022. 10. 18.〉

1. 제44조제1항제1호의 사유로 인한 휴직기간이 만료되어 퇴직하거나 「국가공무원법」 제70조제1항제3호 또는 「지방공무원법」 제62조제1항제1호의 사유로 퇴직한 교육공무원을 퇴직한 날부터 2년 이내에 퇴직 시에 재직한 직위에 상당하는 직위의 교육공무원으로 임용하는 경우 또는 교육공무원으로 재직하던 중 일반직 국가공무원 또는 지방공무원이 되기 위하여 퇴직한 사람을 퇴직 시에 재직한 직위에 상당하는 직위의 교육공무원으로 임용하는 경우

2. 임용 예정직에 상응하는 연구 실적 또는 근무 실적이 3년 이상인 사람을 임용하는 경우

3. 공개경쟁 채용시험으로 결원을 보충하기 곤란한 도서·벽지 등 특수한 지역에 근무할 사람과 특수한 교과목을 담당할 사람을 임용하는 경우

4. 교육경력, 교육행정경력 또는 교육연구경력이 있는 공무원으로

서 공개경쟁 채용시험으로 임용하는 것이 부적당한 경우

5. 사립학교에 근무하는 교원을 교육공무원으로 임용하는 경우

② 경력경쟁채용시험 및 제1항 각 호 외의 부분 단서에 따른 시험의 경우에는 「국가공무원법」 제70조제1항제3호 또는 「지방공무원법」 제62조제1항제1호의 사유로 면직된 사람을 대통령령으로 정하는 바에 따라 우선적으로 채용할 수 있다. 〈개정 2022. 10. 18.〉

[전문개정 2011. 9. 30.]

[제목개정 2022. 10. 18.]

제13조(승진) 교육공무원의 승진임용은 같은 종류의 직무에 종사하는 바로 아래 직급의 사람 중에서 대통령령으로 정하는 바에 따라 경력평정, 재교육성적, 근무성적, 그 밖에 실제 증명되는 능력에 의하여 한다.

[전문개정 2011. 9. 30.]

제14조(승진후보자 명부) ① 교육공무원의 임용권자 또는 임용제청권자는 제13조 및 대통령령으로 정하는 바에 따라 자격별 승진후보자 명부를 순위에 따라 작성하여 갖추어 두어야 한다.

② 교육공무원을 승진임용하거나 승진임용 제청할 때에는 결원된 직위에 대한 승진후보자 명부에 따른 순위가 결원된 직위 중 승진으로 임용하려는 인원의 3배수 이내인 사람 중에서 하여야 한다. 다만, 대통령령으로 정하는 특수자격이 있는 사람을 승진임용하거나 승진임용을 제청할 때에는 그러하지 아니하다. 〈개정 2018. 12. 18.〉

[전문개정 2011. 9. 30.]

제15조(우수 교육공무원 등의 특별 승진) ① 교육공무원이 다음 각

호의 어느 하나에 해당하고, 상위의 자격증을 취득하거나 자격기준을 갖춘 때에는 제13조와 제14조에도 불구하고 특별 승진임용할 수 있다. 다만, 제4호 또는 제5호에 해당하는 경우에는 상위의 자격증이 없거나 자격기준을 갖추지 아니하여도 특별 승진임용할 수 있다. 〈개정 2021. 3. 23.〉

1. 교육자로서 지녀야 할 인품과 창의력이 뛰어나며, 청렴하고 투철한 봉사정신으로 직무에 힘써 교육풍토 쇄신에 다른 교육공무원의 귀감이 되는 사람

2. 교수·지도 및 연구 등 직무 수행 능력이 탁월하여 교육 발전에 큰 공헌을 한 사람

3. 「국가공무원법」 제53조 또는 「지방공무원법」 제78조에 따라 제안이 채택·시행되어 예산을 줄이는 등 행정운영 발전에 현저한 실적이 있는 사람

4. 재직 중 현저한 공적이 있는 사람이 「국가공무원법」 제74조의2 또는 「지방공무원법」 제66조의2에 따라 명예퇴직할 때

5. 재직 중 현저한 공적이 있는 사람이 공무로 인하여 사망하였을 때

② 제1항의 특별 승진의 요건과 그 밖에 필요한 사항은 대통령령으로 정한다.

[전문개정 2011. 9. 30.]

제16조(신체검사) 교육공무원을 신규채용할 때에는 신체검사를 하여야 하며, 임용권자나 임용제청권자는 신체검사 합격기준에 미달하는 사람을 임용하거나 임용제청하여서는 아니 된다. 이 경우 신체검사

에 필요한 사항은 대통령령으로 정한다.

[전문개정 2011. 9. 30.]

제17조(보직 등 관리의 원칙) ① 임용권자나 임용제청권자는 법령에서 따로 정하는 경우를 제외하고는 소속 교육공무원에게 그 자격에 상응하는 일정한 직위를 부여하여야 한다.

② 소속 교육공무원에게 보직을 부여할 때에는 그 교육공무원의 자격, 전공분야, 재교육경력, 근무경력 및 적성 등을 고려하여 적절한 직위에 임용하여야 한다.

③ 고등학교 이하 각급학교의 장은 교원에 대한 징계처분의 사유가 「국가공무원법」 제83조의2제1항제1호 각 목의 어느 하나에 해당하는 등 대통령령으로 정하는 사유에 해당하는 경우에는 해당 교원을 징계처분 이후 5년 이상 10년 이하의 범위에서 대통령령으로 정하는 기간 동안 학급을 담당하는 교원(이하 "학급담당교원"이라 한다)으로 배정할 수 없다. 〈신설 2020. 12. 22., 2022. 10. 18.〉

④ 고등학교 이하 각급학교의 장은 제3항에 따른 기간 동안 해당 교원의 학급담당교원 배정 여부 등 제2조제6항에 따른 임용에 관한 사항을 교육부장관 또는 관할 교육감에게 보고하여야 한다. 〈신설 2020. 12. 22.〉

[전문개정 2011. 9. 30.]

[제목개정 2020. 12. 22.]

제18조(겸임) ① 직위와 직무 내용이 유사하고 담당 직무 수행에 지장이 없다고 인정되는 경우에는 교육공무원과 일반직공무원, 교육공무원과 다른 교육공무원, 교육공무원과 다른 특정직공무원 또는 교

육공무원과 대통령령으로 정하는 관련 교육·연구 기관이나 그 밖의 관련 기관·단체의 임직원을 서로 겸임하게 할 수 있다. 이 경우 겸임에 필요한 사항은 대통령령으로 정한다. 〈개정 2022. 10. 18.〉

② 제1항에 따라 교육공무원을 겸임하게 하려는 경우에는 그 대상자가 제9조 또는 「초·중등교육법」 제21조제1항·제2항 및 「고등교육법」 제16조에 따른 자격기준을 갖추거나 자격증을 취득한 사람이어야 한다.

[전문개정 2011. 9. 30.]

제19조(겸직 금지) 제2조제3항제1호에 따른 학교의 감독청에 재직하는 사람은 대학의 장 또는 부총장, 대학원장, 단과대학장, 교무처장, 학생처장(또는 교학처장), 교무과장, 학생과장, 교장, 교감, 원장 또는 원감 등의 직위를 겸할 수 없다. 〈개정 2015. 3. 27.〉

[전문개정 2011. 9. 30.]

제19조의2(영리업무 및 겸직금지에 관한 특례) ①「고등교육법」 제14조제2항에 따른 교수·부교수 및 조교수는 학생의 교육·지도와 학문의 연구에 지장이 없는 범위안에서 소속학교의 장의 허가를 받아 상업·공업·금융업 그 밖에 영리를 목적으로 하는 사기업체의 사외이사(「자본시장과 금융투자업에 관한 법률」 제9조제3항에 따른 해당 회사의 상무에 종사하지 아니하는 이사를 말한다. 이하 이 조에서 같다)를 겸직할 수 있다. 〈개정 2007. 8. 3., 2008. 3. 14., 2011. 7. 21., 2017. 11. 28., 2021. 3. 23.〉

② 제1항에 따라 사외이사를 겸직하는 교수·부교수 및 조교수는 그 해에 「상법」 제388조에 따라 해당 사기업체로부터 받은 보수 전

부를 소속학교의 장에게 다음 해 1월 31일까지 보고하여야 한다. 〈신설 2017. 11. 28., 2021. 3. 23.〉

③제1항에 따른 허가의 구체적인 기준·방법·절차 및 제2항에 따른 보고의 방법·절차 등은 대통령령으로 정한다. 〈개정 2017. 11. 28.〉

[본조신설 2002. 12. 5.]

제20조(인사교류) ① 전문대학과 중등학교에 근무하는 교육공무원은 서로 전직하거나 전보할 수 있다. 〈개정 2022. 12. 13.〉

② 국가교육위원회의 교육전문직원과 교육부 및 그 소속 기관의 교육전문직원 간에는 서로 전직하거나 전보할 수 있다. 〈신설 2022. 12. 13.〉

[전문개정 2011. 9. 30.]

제21조(전직 등의 제한) ① 교육공무원의 임용권자 또는 임용제청권자는 다음 각 호의 경우를 제외하고는 소속 교육공무원이 그 직위에 임용된 날부터 1년 이내에 다른 직위에 임용하거나 근무지를 변경하는 인사조치를 하여서는 아니 된다.

1. 기구의 개편이나 직제의 개정·폐지 또는 정원의 변경이 있는 경우

2. 해당 교육공무원의 승진 또는 강임으로 인한 경우

3. 그 밖에 대통령령으로 정하는 특별한 사유가 있는 경우

② 제1항에도 불구하고 교육공무원의 임용권자 또는 임용제청권자는 제29조의3에 따라 임용된 공모 교장·원장에 대하여는 징계처분을 받은 경우 등 교장·원장으로서 직무를 수행하기 어려운 대통

령령으로 정하는 중대한 사유에 해당하는 경우를 제외하고는 임기 중 다른 직위에 임용하거나 근무지를 변경하는 인사조치를 하여서는 아니 된다. 〈개정 2012. 3. 21.〉

[전문개정 2011. 9. 30.]

제22조(교육연수기관 등에의 교원 배치) 교육부장관 또는 교육감은 교육이나 교육에 관한 전문적인 조사·연구를 위하여 특히 필요하다고 인정하는 경우에는 교육연구기관과 제2조제3항제3호에 따른 교육연수기관에 교원을 둘 수 있다. 〈개정 2012. 12. 11., 2013. 3. 23.〉

[전문개정 2011. 9. 30.]

제22조의2(교육행정기관에의 순회교사 배치) ① 교육감은 교원의 적정한 배치와 교육과정의 원활한 운영을 위하여 둘 이상의 인근 학교를 순회하면서 학생의 교육을 담당할 교사가 특히 필요하다고 인정하는 경우에는 시·도 교육행정기관에 교사를 둘 수 있다.

② 제1항에 따라 시·도 교육행정기관에 배치되는 교사는 소속기관의 장이 지정하는 학교에서 교육을 담당하고, 그 학교의 장의 지도·감독을 받는다.

[전문개정 2011. 9. 30.]

제23조(인사기록) ① 교육기관, 교육행정기관 또는 교육연구기관의 장은 소속 교육공무원의 인사기록을 작성·유지·보관하여야 한다.

② 제1항에 따른 인사기록의 작성·유지·보관에 필요한 사항은 교육부령으로 정한다. 〈개정 2013. 3. 23.〉

[전문개정 2011. 9. 30.]

제23조의2(인사관리의 전자화) ① 교육부장관은 교육공무원의 인사

관리를 과학화하기 위하여 교육공무원의 인사기록을 데이터베이스화하여 관리하고 인사 업무를 전자적으로 처리할 수 있는 시스템을 구축하여 운영할 수 있다. 〈개정 2013. 3. 23.〉

② 제1항에 따른 시스템의 구축·운영 등에 필요한 사항은 대통령령으로 정한다.

[전문개정 2011. 9. 30.]

제24조(대학의 장의 임용) ① 대학(「고등교육법」 제2조 각 호의 학교를 말하되, 공립대학은 제외한다. 이하 이 조, 제24조의2, 제24조의3 및 제25조부터 제27조까지에서 같다)의 장은 해당 대학의 추천을 받아 교육부장관의 제청으로 대통령이 임용한다. 다만, 새로 설립되는 대학의 장을 임용하거나 대학의 장의 명칭 변경으로 인하여 학장으로 재직 중인 사람을 해당 대학의 총장으로, 총장으로 재직 중인 사람을 해당 대학의 학장으로 그 임기 중에 임용하는 경우에는 교육부장관의 제청으로 대통령이 임용한다. 〈개정 2013. 3. 23.〉

② 제1항 본문에 따른 대학의 장의 임용추천을 위하여 대학에 대학의 장 임용추천위원회(이하 "추천위원회"라 한다)를 둔다.

③ 추천위원회는 해당 대학에서 정하는 바에 따라 다음 각 호의 어느 하나의 방법에 따라 대학의 장 후보자를 선정하여야 한다. 〈개정 2021. 9. 24.〉

1. 추천위원회에서의 선정

2. 해당 대학 교원, 직원 및 학생의 합의된 방식과 절차에 따른 선정

④ 추천위원회의 구성·운영 등에 필요한 사항은 대통령령으로 정

하되, 위원의 일정 비율 이상은 여성으로 한다.

⑤ 제1항에도 불구하고 대학의 장의 임기가 끝난 후 3개월 이내에 해당 대학이 대학의 장 후보자를 추천하지 아니하는 경우 해당 대학의 장은 교육부장관의 제청으로 대통령이 임용한다. 〈개정 2013. 3. 23.〉

⑥ 제1항과 제5항에 따라 교육부장관이 대학의 장을 임용제청하려는 경우에는 인사위원회에 자문을 하여야 한다. 〈개정 2013. 3. 23.〉

⑦ 대학의 교원으로 재직 중에 해당 대학의 장으로 임용된 사람이 제28조제1호의 임기를 마친 경우에는 제25조에도 불구하고 대학의 장의 임기가 끝나는 날의 다음 날에 대학의 장으로 임용되기 직전의 교원으로 임용된 것으로 본다.

[전문개정 2011. 9. 30.]

제24조의2(선거운동의 제한) ① 누구든지 자기 또는 특정인을 대학의 장 후보자로 당선되게 하거나 당선되지 아니하게 할 목적으로 다음 각 호의 어느 하나에 해당하는 행위를 할 수 없다.

1. 선거인(선거인 명부 작성 전에는 선거인 명부에 오를 자격이 있는 사람을 포함한다)에게 대학의 장 후보자 선거일 전 180일부터 선거일까지 금전·물품·향응이나 그 밖의 재산상의 이익 또는 공사(公私)의 직위를 제공하거나 제공할 의사표시를 하거나 제공할 것을 약속하는 행위

2. 대학의 장 후보자 선거에서 후보자가 되려는 사람에게 후보자가 되지 아니하도록 하거나 후보자에게 사퇴를 하게 할 목적으로

하는 제1호에 규정된 행위

3. 제1호 또는 제2호에 규정된 이익이나 직위를 제공받거나 그 제공 의사를 승낙하는 행위 또는 그 제공을 요구하거나 알선하는 행위

② 누구든지 대학의 장 후보자 선거와 관련하여 선거인을 호별(戶別) 방문하거나 방문하게 하는 행위 또는 선거인을 특정 장소에 모이게 하거나 모이게 하도록 하는 행위를 할 수 없다.

③ 누구든지 대학의 장 후보자 선거와 관련하여 연설·벽보 및 그 밖의 방법으로 거짓 사실을 공표하거나 공공연하게 구체적인 사실을 드러내서 후보자를 비방할 수 없다.

④ 누구든지 대학의 장 후보자 선거와 관련하여 다음 각 호의 방법 외의 행위를 할 수 없다.

1. 선전벽보의 부착
2. 선거공보의 배부
3. 소형 인쇄물의 배부
4. 합동연설회 또는 공개토론회의 개최
5. 전화·컴퓨터 통신을 이용한 지지 호소

[전문개정 2011. 9. 30.]

제24조의3(대학의 장 후보자 추천을 위한 선거사무의 위탁) ① 대학의 장 후보자를 추천할 때 제24조제3항제2호에 따라 해당 대학 교원, 직원 및 학생의 합의된 방식과 절차에 따라 직접선거로 선정하는 경우 해당 대학은 선거관리에 관하여 그 소재지를 관할하는 「선거관리위원회법」에 따른 구·시·군선거관리위원회(이하 "구·시·군

선거관리위원회"라 한다)에 선거관리를 위탁하여야 한다. 〈개정 2021. 9. 24.〉

② 중앙선거관리위원회는 제1항에 따라 구·시·군선거관리위원회가 대학의 장 후보자 추천 선거를 위탁받아 관리할 때의 후보자 등록, 선거기간, 선거운동, 선거비용, 투표, 개표 등 필요한 사항에 관하여 「공공단체등 위탁선거에 관한 법률」 제79조(시행규칙)에 따라 중앙선거관리위원회규칙으로 정하려는 경우에는 미리 교육부장관과 협의하여야 한다. 이 경우 교육부장관은 각 대학의 의견을 들어야 한다. 〈개정 2013. 3. 23., 2014. 6. 11.〉

③ 제1항에 따라 구·시·군선거관리위원회가 대학의 장 후보자 추천 선거를 위탁받아 관리하는 경우 이 법의 위반행위에 대한 조사 등에 관하여는 「공공단체등 위탁선거에 관한 법률」 제73조(위반행위에 대한 조사 등)를 적용한다. 〈개정 2014. 6. 11.〉

④ 대학의 장 후보자 추천을 위한 선거관리에 드는 비용은 해당 대학에서 부담하게 할 수 있다.

[전문개정 2011. 9. 30.]

제25조(교수 등의 임용) ① 교수·부교수는 대학의 장의 제청으로 교육부장관을 거쳐 대통령이 임용하고, 조교수는 대학의 장의 제청으로 교육부장관이 임용한다. 〈개정 2013. 3. 23.〉

② 대학의 장이 제1항의 교육공무원을 임용제청할 때에는 해당 대학인사위원회의 동의를 받아야 한다. 다만, 대학인사위원회를 구성할 수 없는 신설 대학은 대학인사위원회가 구성될 때까지 인사위원회의 동의를 받아야 한다.

③ 제1항의 교육공무원의 전보는 해당 대학인사위원회의 동의를 받아 대학의 장의 제청으로 교육부장관이 한다. 〈개정 2013. 3. 23.〉

[전문개정 2011. 9. 30.]

제26조(조교의 임용) ① 조교는 대학의 장이 임용한다. 〈개정 2011. 7. 21.〉

② 삭제 〈2011. 7. 21.〉

[전문개정 2011. 9. 30.]

[제목개정 2011. 7. 21.]

제27조(부총장 · 대학원장 · 단과대학장의 보직) ① 부총장은 교수 중에서, 대학원장 · 단과대학장은 교수 또는 부교수 중에서 대학의 장의 제청으로 교육부장관이 임명한다. 〈개정 2013. 3. 23.〉

② 대학의 장이 교육공무원을 제1항에 따라 임명할 것을 제청할 때에는 해당 대학인사위원회의 동의를 받아야 한다.

[전문개정 2011. 9. 30.]

제28조(대학의 장 등의 임기) 대학의 장 및 부총장 · 대학원장 · 단과대학장의 임기는 다음과 같다. 다만, 제24조제1항 단서 또는 제55조제1항 단서에 따라 임용되는 사람의 임기는 제1호에도 불구하고 해당 대학의 장의 임기의 남은 기간으로 한다.

1. 대학의 장: 4년
2. 부총장 · 대학원장 · 단과대학장: 2년

[전문개정 2011. 9. 30.]

제29조(장학관 등의 임용) ① 교육부와 그 소속 기관에 근무하는 장

학관 및 교육연구관은 교육부장관의 제청으로 대통령이 임용한다. 〈개정 2013. 3. 23.〉

② 제1항에 따라 대통령이 임용하는 교육전문직원의 전보는 교육부장관이 행한다. 〈개정 2012. 12. 11., 2013. 3. 23.〉

[전문개정 2011. 9. 30.]

제29조의2(교장 등의 임용) ① 교장ㆍ원장은 교육부장관의 제청으로 대통령이 임용한다. 〈개정 2012. 3. 21., 2013. 3. 23.〉

② 교장ㆍ원장의 임기는 4년으로 한다. 〈개정 2012. 3. 21.〉

③ 교장ㆍ원장은 한 번만 중임할 수 있다. 다만, 제29조의3에 따라 교장ㆍ원장으로 재직하는 횟수는 이에 포함하지 아니한다. 〈개정 2012. 3. 21.〉

④ 임용권자 또는 임용제청권자는 교장ㆍ원장으로 1차 임기를 마친 사람에 대해서는 제47조에 따른 정년까지 남은 기간이 4년 미만인 경우에도 특별한 결격사유가 없으면 제3항에 따라 교장ㆍ원장으로 다시 임용하거나 임용제청할 수 있다. 〈신설 2015. 3. 27.〉

⑤ 교장ㆍ원장의 임기가 학기 중에 끝나는 경우 임기가 끝나는 날이 3월에서 8월 사이에 있으면 8월 31일을, 9월에서 다음 해 2월 사이에 있으면 다음 해 2월 말일을 임기 만료일로 한다. 〈개정 2012. 3. 21., 2015. 3. 27.〉

⑥ 제47조에 따른 정년 전에 임기가 끝나는 교장ㆍ원장으로서 교사로 근무할 것을 희망하는 사람(교사자격증을 가진 사람만 해당한다)은 수업 담당 능력과 건강 등을 고려하여 교사로 임용할 수 있다. 〈개정 2012. 3. 21., 2015. 3. 27.〉

⑦ 제6항에 따라 임용된 교사는 대통령령으로 정하는 바에 따라 원로교사로 우대하여야 한다. 〈개정 2015. 3. 27.〉

⑧ 제29조의3에 따라 임용된 공모 교장·원장을 제외한 교장·원장은 임기 중에 전보될 수 있으며, 교장·원장의 전보는 교육부장관이 한다. 〈개정 2012. 3. 21., 2013. 3. 23., 2015. 3. 27.〉

⑨ 제4항에 따른 교장·원장의 재임용과 제6항에 따른 교사의 임용에 필요한 세부 사항은 교육부장관이 정한다. 〈신설 2015. 3. 27.〉

[전문개정 2011. 9. 30.]

[제목개정 2012. 3. 21.]

제29조의3(공모에 따른 교장 임용 등) ① 고등학교 이하 각급학교의 장은 학교운영위원회 또는 유치원운영위원회의 심의를 거쳐 다음 각 호의 구분에 따른 사람 중에서 공모를 통하여 선발된 사람을 교장 또는 원장으로 임용하여 줄 것을 임용제청권자에게 요청할 수 있다. 〈개정 2012. 3. 21., 2012. 12. 11., 2015. 3. 27.〉

1. 교장의 경우: 「초·중등교육법」 제21조제1항에 따른 교장자격증을 받은 사람

2. 원장의 경우: 「유아교육법」 제22조제1항에 따른 원장자격증을 받은 사람

② 제1항에도 불구하고 「초·중등교육법」 제61조에 따른 학교의 장은 학교운영위원회의 심의를 거쳐 해당 학교 교육과정에 관련된 교육기관, 국가기관 등에서 3년 이상 종사한 경력이 있는 사람 또는 「초·중등교육법」 제2조의 학교에서 교원으로서 전임으로 근무한 경

력(제2조제1항제2호 및 제3호에 따른 교육전문직원으로 근무한 경력을 포함한다)이 15년 이상인 교육공무원이나 사립학교 교원 중에서 공모를 통하여 선발된 사람을 교장으로 임용하여 줄 것을 임용제청권자에게 요청할 수 있다. 이 경우 학교유형별 공모 교장의 자격기준 및 적용 범위 등에 관한 사항은 대통령령으로 정한다. 〈개정 2015. 3. 27.〉

③ 제1항 및 제2항에도 불구하고 임용제청권자가 교육제도의 개선 등을 위하여 필요하다고 지정하는 고등학교 이하 각급학교의 장은 공모를 통하여 선발된 사람을 교장·원장으로 임용하여 줄 것을 임용제청권자에게 요청하여야 한다. 〈개정 2012. 3. 21., 2015. 3. 27.〉

④ 제1항부터 제3항까지의 규정에 따라 요청을 받은 임용제청권자는 임용요청된 사람을 해당 학교의 교장·원장으로 임용하여 줄 것을 임용권자에게 제청한다. 다만, 교장·원장 임용 관계 법령 위반 등 특별한 사유가 있는 경우에는 그러하지 아니하다. 〈개정 2012. 3. 21., 2015. 3. 27.〉

⑤ 제1항부터 제3항까지의 규정에 따라 공모로 임용되는 교장·원장(이하 "공모 교장·원장"이라 한다)의 임기는 4년으로 하되 공모 교장·원장으로 재직하는 횟수를 제한하지 아니한다. 〈개정 2012. 3. 21.〉

⑥ 공모 교장·원장의 임기가 끝나는 경우 공모 교장·원장으로 임용될 당시 교육공무원이었던 사람은 공모 교장·원장으로 임용되기 직전의 직위로 복귀한다. 다만, 임용되기 직전의 직위가 교장·원장인 사람으로서 중임한 사람은 교장·원장으로 복귀하지 아니한

다. <개정 2012. 3. 21.>

⑦ 임용제청권자는 공모 교장·원장에 대하여 직무 수행, 실적 등을 평가하고 그 결과를 연수 등 인사에 관한 자료로 활용할 수 있다. <개정 2012. 3. 21.>

⑧ 제1항부터 제7항까지에서 정한 사항 외에 공모 교장·원장의 공모 방법, 임용, 평가 등 필요한 사항은 대통령령으로 정한다. <개정 2012. 3. 21.>

[본조신설 2011. 9. 30.]

[종전 제29조의3은 제29조의4로 이동 <2011. 9. 30.>]

제29조의4(수석교사의 임용 등) ① 수석교사는 교육부장관이 임용한다. <개정 2013. 3. 23.>

② 수석교사는 최초로 임용된 때부터 4년마다 대통령령으로 정하는 업적평가 및 연수실적 등을 반영한 재심사를 받아야 하며, 심사기준을 충족하지 못한 경우 대통령령으로 정하는 바에 따라 수석교사로서의 직무 및 수당 등을 제한할 수 있다.

③ 수석교사는 대통령령으로 정하는 바에 따라 수업부담 경감, 수당 지급 등에 대하여 우대할 수 있다.

④ 수석교사는 임기 중에 교장·원장 또는 교감·원감 자격을 취득할 수 없다.

⑤ 수석교사의 운영 등 그 밖에 필요한 사항은 대통령령으로 정한다.

[본조신설 2011. 7. 25.]

[제29조의3에서 이동 <2011. 9. 30.>]

제30조(교감 · 교사 · 장학사 등의 임용) 다음 각 호의 교육공무원은 교육부장관이 임용한다. 〈개정 2012. 12. 11., 2013. 3. 23.〉

1. 제24조, 제25조, 제26조, 제29조의2, 제29조의3 및 제55조에 규정된 사람을 제외한 교원

2. 교육부와 그 소속 기관에 근무하는 장학사와 교육연구사

[전문개정 2011. 9. 30.]

제31조(초빙교원) ① 대학은 국가기관, 연구기관, 공공단체 또는 산업체 등에서 근무하거나 외국에 거주하고 있는 사람 또는 외국인 중 「고등교육법」 제16조에 따른 자격이 있는 사람을 초빙교원으로 임용할 수 있다. 다만, 특수한 교과를 교수(教授)하기 위한 초빙교원으로 임용하는 경우에는 「고등교육법」 제16조를 적용하지 아니할 수 있다.

② 고등학교 이하 각급학교의 장은 교사자격증을 가진 사람 중에서 해당 학교에 특별히 필요한 사람을 교사로 초빙하려는 경우에는 임용권자에게 초빙교사로 임용하여 줄 것을 요청할 수 있다.

③ 제2항에 따라 임용 요청을 받은 임용권자는 임용이 요청된 사람 중에서 해당 학교의 초빙교사를 임용할 수 있다.

④ 초빙교원의 임용 · 보수 · 복무 등에 관하여 필요한 사항은 대통령령으로 정한다.

[전문개정 2011. 9. 30.]

제32조(기간제교원) ① 고등학교 이하 각급학교 교원의 임용권자는 다음 각 호의 어느 하나에 해당하는 경우에는 예산의 범위에서 기간을 정하여 교원 자격증을 가진 사람을 교원으로 임용할 수 있다.

〈개정 2012. 3. 21.〉

1. 교원이 제44조제1항 각 호의 어느 하나의 사유로 휴직하게 되어 후임자의 보충이 불가피한 경우

2. 교원이 파견·연수·정직·직위해제 등 대통령령으로 정하는 사유로 직무를 이탈하게 되어 후임자의 보충이 불가피한 경우

3. 특정 교과를 한시적으로 담당하도록 할 필요가 있는 경우

4. 교육공무원이었던 사람의 지식이나 경험을 활용할 필요가 있는 경우

5. 유치원 방과후 과정을 담당하도록 할 필요가 있는 경우

② 제1항에 따라 임용된 교원(이하 "기간제교원"이라 한다)은 정규 교원 임용에서 어떠한 우선권도 인정되지 아니하며, 같은 항 제4호에 따라 임용된 사람을 제외하고는 책임이 무거운 감독 업무의 직위에 임용될 수 없다.

③ 기간제교원에 대하여는 제43조제2항·제3항, 제43조의2, 제44조부터 제47조까지 및 제49조부터 제51조까지, 「국가공무원법」 제16조, 제70조, 제73조, 제73조의2부터 제73조의4까지, 제75조, 제76조, 제78조, 제78조의2, 제79조, 제80조, 제82조, 제83조제1항·제2항 및 제83조의2를 적용하지 아니하며, 임용기간이 끝나면 당연히 퇴직한다. 〈개정 2018. 12. 18.〉

④ 기간제교원의 임용에 관하여는 제10조의3제1항 및 제10조의4를 준용한다. 〈개정 2012. 1. 26., 2021. 3. 23.〉

[전문개정 2011. 9. 30.]

제32조의2(장학금 지급 및 의무복무) ① 교육감은 교원을 안정적으

로 확보하기 위하여 시·도의 조례로 정하는 기준을 충족한 사람을 교육대학의 장에게 교육대학 입학 또는 편입학 대상자로 추천할 수 있다.

② 교육감은 제1항에 따른 추천을 받아 교육대학에 입학하거나 편입학한 사람에게 장학금을 지급할 수 있다.

③ 교육감은 제2항에 따라 장학금을 받는 사람에 대하여 교육대학을 졸업한 후 4년의 범위에서 해당 관할지역에서 실시되는 교사 공개전형에 응시하여 합격한 경우에는 장학금을 받은 기간의 2배의 범위에서 시·도의 조례로 정하는 기간 동안 교육감이 정하는 지역에서 복무하도록 의무를 부과할 수 있다.

④ 교육감은 제2항에 따라 장학금을 받고 있거나 받은 사람이 다음 각 호의 어느 하나에 해당하는 경우에는 시·도의 조례로 정하는 바에 따라 본인에게 장학금의 전부 또는 일부를 반납할 것을 명할 수 있고, 본인이 반납하지 아니할 경우 그의 보증인(「보험업법」에 따라 보증보험증권을 발행한 보험회사를 포함한다)에게 보증채무의 이행을 청구할 수 있으며 반납하지 아니하면 지방세 체납처분의 예에 따라 징수할 수 있다. 다만, 의무복무기간 중 공무상 질병으로 퇴직한 경우 등 시·도의 조례로 정하는 불가피한 사유가 있는 경우에는 그러하지 아니하다. 〈개정 2022. 10. 18.〉

1. 퇴학 또는 자퇴하거나 다른 학교로 편입학한 경우
2. 공무원 임용 결격사유에 해당하게 된 경우
3. 재학 중 장학금 수령을 거부한 경우
4. 제3항에 따른 기간 동안 공개전형에 응시하지 아니하거나 의

무복무를 이행하지 아니한 경우

[전문개정 2011. 9. 30.]

제33조(임용권의 위임 등) ① 대통령령으로 정하는 바에 따라 대통령은 그 임용권의 일부를 국가교육위원회위원장 또는 교육부장관에게, 교육부장관은 그 임용권의 일부를 교육기관, 교육행정기관 또는 교육연구기관의 장에게 위임할 수 있다. 〈개정 2013. 3. 23., 2022. 10. 18.〉

② 「초·중등교육법」 제62조제2항 및 「고등교육법」 제59조제3항에 따라 학교의 설립 및 운영에 관한 권한이 관계 중앙행정기관의 장에게 위탁된 학교의 소속 교원의 임용에 관하여는 제1항에 따른 임용권의 위임 기준에 준하여 대통령령으로 정하는 바에 따라 임용권자를 따로 정할 수 있다. 〈개정 2012. 1. 26.〉

[전문개정 2011. 9. 30.]

제5장 보수 〈개정 2011. 9. 30.〉

제34조(보수결정의 원칙) ① 교육공무원의 보수는 우대되어야 한다.

② 교육공무원의 보수는 자격, 경력, 직무의 곤란성 및 책임의 정도에 따라 대통령령으로 정한다.

[전문개정 2011. 9. 30.]

제35조(보수에 관한 규정) 제34조제2항의 대통령령에는 「국가공무원법」 제47조 및 「지방공무원법」 제45조에 규정된 사항 외에 다음 각 호의 사항을 규정하여야 한다.

1. 대통령령으로 정하는 학교의 교원이나 학과를 담당하는 교원에

대한 특별수당에 관한 사항

2. 기간제교원의 보수에 관한 사항

3. 연구수당에 관한 사항

4. 교직수당에 관한 사항

[전문개정 2011. 9. 30.]

第36조(명예퇴직) ① 교육공무원으로 20년 이상 근속한 사람이 정년 전에 스스로 퇴직하는 경우에는 예산의 범위에서 명예퇴직수당을 지급할 수 있다.

② 제1항에 따른 교육공무원 중 교장·원장이 임기가 끝나기 전에 스스로 퇴직하는 경우 그 정년은 제47조에 따른 연령으로 본다. 〈개정 2012. 3. 21.〉

③ 제1항의 명예퇴직수당의 지급대상 범위, 지급액 및 지급절차와 그 밖에 필요한 사항은 대통령령으로 정한다.

[전문개정 2011. 9. 30.]

제6장 연수 〈개정 2011. 9. 30.〉

第37조(연수의 기회균등) 교육공무원에게는 연수기관에서 재교육을 받거나 연수할 기회가 균등하게 주어져야 한다.

[전문개정 2011. 9. 30.]

第38조(연수와 교재비) ① 교육공무원은 그 직책을 수행하기 위하여 끊임없이 연구와 수양에 힘써야 한다.

② 국가나 지방자치단체는 교육공무원의 연수와 그에 필요한 시설 및 연수를 장려할 계획을 수립하여 실시하도록 노력하여야 하며, 대

통령령으로 정하는 바에 따라 연수에 필요한 교재비를 지급할 수 있다.

③ 국가나 지방자치단체는 제2항에 따른 연수와 그에 필요한 시설 등을 제공하는 경우 장애인인 교육공무원의 연수활동에 불이익이 없도록 「장애인차별금지 및 권리구제 등에 관한 법률」 제14조에 따라 정당한 편의가 제공될 수 있도록 하여야 한다. 〈신설 2021. 9. 24.〉

④ 국가는 제2항에 따라 교재비를 지급하는 지방자치단체에 예산의 범위에서 그 경비의 전부 또는 일부를 보조할 수 있다. 〈개정 2021. 9. 24.〉

[전문개정 2011. 9. 30.]

제39조(연수기관의 설치) ① 교육공무원의 재교육과 연수를 위하여 연수기관을 둔다.

② 제1항의 연수기관 설치 및 운영에 필요한 사항은 대통령령으로 정한다.

[전문개정 2011. 9. 30.]

제40조(특별연수) ① 국가나 지방자치단체는 특별연수계획을 수립하여 교육공무원을 국내외의 교육기관 또는 연구기관에서 일정 기간 연수를 받게 할 수 있다.

② 국가나 지방자치단체는 예산의 범위에서 제1항에 따른 특별연수 경비를 지급할 수 있다.

③ 교육부장관은 제1항에 따라 특별연수를 받고 있는 교육공무원이 연수 목적을 성실하게 수행할 수 있도록 지도·감독하여야 하며, 이를 위하여 필요한 사항은 대통령령으로 정한다. 〈개정 2013. 3. 23.〉

④ 제1항에 따라 특별연수를 받은 교육공무원에게는 6년의 범위에서 대통령령으로 정하는 바에 따라 일정 기간 복무 의무를 부과할 수 있다.

⑤ 교육부장관은 제1항에 따라 특별연수를 받고 있거나 받은 교육공무원이 다음 각 호의 어느 하나에 해당하는 경우에 본인에게 그 특별연수 경비의 전부 또는 일부를 반납할 것을 명할 수 있고, 본인이 반납하지 아니할 경우 그의 보증인(「보험업법」에 따라 보증보험증권을 발행한 보험회사를 포함한다)에게 보증채무의 이행을 청구할 수 있으며, 반납하지 아니하면 그 특별연수 경비의 재원(財源)에 따라 국세 체납처분 또는 지방세 체납처분의 예에 따라 징수할 수 있다. 이 경우 반납에 필요한 사항은 대통령령으로 정한다. 〈개정 2013. 3. 23., 2022. 10. 18.〉

1. 제3항에 따른 지도·감독을 위한 지시 사항을 이행하지 아니한 경우

2. 제4항에 따른 복무 의무를 이행하지 아니한 경우

[전문개정 2011. 9. 30.]

제41조(연수기관 및 근무장소 외에서의 연수) 교원은 수업에 지장을 주지 아니하는 범위에서 소속 기관의 장의 승인을 받아 연수기관이나 근무장소 외의 시설 또는 장소에서 연수를 받을 수 있다.

[전문개정 2011. 9. 30.]

제42조(연수 실적 및 근무성적의 평정) ① 교육기관, 교육행정기관 및 교육연구기관의 장은 정기적으로 또는 수시로 그 소속 교육공무원의 재교육 및 연수 실적과 근무성적을 평정하여 인사관리에 반영

하여야 한다.

② 제1항의 재교육 및 연수 실적과 근무성적 평정에 필요한 사항은 대통령령으로 정한다.

[전문개정 2011. 9. 30.]

제7장 신분보장 · 징계 · 소청 〈개정 2011. 9. 30.〉

제43조(교권의 존중과 신분보장) ① 교권(敎權)은 존중되어야 하며, 교원은 그 전문적 지위나 신분에 영향을 미치는 부당한 간섭을 받지 아니한다.

② 교육공무원은 형의 선고나 징계처분 또는 이 법에서 정하는 사유에 의하지 아니하고는 본인의 의사에 반하여 강임 · 휴직 또는 면직을 당하지 아니한다.

③ 교육공무원은 권고에 의하여 사직을 당하지 아니한다.

[전문개정 2011. 9. 30.]

제43조의2(당연퇴직) ① 교육공무원이 제10조의4에 따른 결격사유에 해당하게 된 경우에는 당연히 퇴직한다. 다만, 「국가공무원법」 제33조제5호는 「형법」 제129조부터 제132조까지 및 직무와 관련하여 「형법」 제355조 및 제356조에 규정된 죄를 저지른 사람으로서 금고 이상의 형의 선고유예를 받은 경우만 해당한다. 〈개정 2021. 3. 23., 2021. 9. 24.〉

② 교육공무원 중 교수, 부교수 및 조교수가 공무원으로 재직기간 중 직무와 관련하여 「형법」 제347조 또는 제351조(제347조의 상습범에 한정한다)에 규정된 죄를 저질러 300만원 이상의 벌금형을 선고받

고 그 형이 확정된 경우에는 당연히 퇴직한다. 〈신설 2021. 9. 24.〉

[본조신설 2012. 1. 26.]

제44조(휴직) ① 교육공무원이 다음 각 호의 어느 하나에 해당하는 사유로 휴직을 원하면 임용권자는 휴직을 명할 수 있다. 다만, 제1호부터 제4호까지 및 제11호의 경우에는 본인의 의사와 관계없이 휴직을 명하여야 하고, 제7호, 제7호의2 및 제7호의3의 경우에는 본인이 원하면 휴직을 명하여야 한다. 〈개정 2012. 1. 26., 2013. 3. 23., 2016. 1. 27., 2018. 3. 20., 2018. 12. 18., 2019. 8. 20., 2022. 10. 18.〉

1. 신체상 · 정신상의 장애로 장기요양이 필요할 때

2. 「병역법」에 따른 병역 복무를 위하여 징집되거나 소집된 경우

3. 천재지변이나 전시 · 사변 또는 그 밖의 사유로 생사(生死)나 소재(所在)를 알 수 없게 된 경우

4. 그 밖에 법률에 따른 의무를 수행하기 위하여 직무를 이탈하게 된 경우

5. 학위취득을 목적으로 해외유학을 하거나 외국에서 1년 이상 연구 또는 연수를 하게 된 경우

6. 국제기구, 외국기관, 국내외의 대학 · 연구기관, 다른 국가기관, 재외교육기관(「재외국민의 교육지원 등에 관한 법률」 제2조제2호의 재외교육기관을 말한다) 또는 대통령령으로 정하는 민간단체에 임시로 고용되는 경우

7. 만 8세 이하 또는 초등학교 2학년 이하의 자녀를 양육하기 위하여 필요하거나 여성 교육공무원이 임신 또는 출산하게 된 경우

7의2. 만 19세 미만의 아동(제7호에 따른 육아휴직의 대상이 되는 아동은 제외한다)을 입양(入養)하는 경우

7의3. 불임 · 난임으로 인하여 장기간의 치료가 필요한 경우

8. 교육부장관 또는 교육감이 지정하는 연구기관이나 교육기관 등에서 연수하게 된 경우

9. 조부모, 부모(배우자의 부모를 포함한다), 배우자, 자녀 또는 손자녀를 부양하거나 돌보기 위하여 필요한 경우. 다만, 조부모나 손자녀의 돌봄을 위하여 휴직할 수 있는 경우는 본인 외에 돌볼 사람이 없는 등 대통령령으로 정하는 요건을 갖춘 경우로 한정한다.

10. 배우자가 국외 근무를 하게 되거나 제5호에 해당하게 된 경우

11. 「교원의 노동조합 설립 및 운영 등에 관한 법률」 제5조에 따라 노동조합 전임자로 종사하게 된 경우

12. 「공무원연금법」 제25조에 따른 재직기간 10년 이상인 교원이 자기개발을 위하여 학습 · 연구 등을 하게 된 경우

② 삭제 〈2013. 12. 30.〉

③ 대학에 재직 중인 교육공무원이 교육공무원 외의 공무원으로 임용되어 휴직을 원하면 임용권자는 휴직을 명할 수 있다. 이 경우 휴직기간은 그 공무원으로 재임하는 기간으로 한다.

④ 임면권자(任免權者)는 제1항제7호 및 제7호의2에 따른 휴직을 이유로 인사상 불리한 처우를 하여서는 아니 되며, 같은 호의 휴직기간은 근속기간에 포함한다. 〈개정 2012. 1. 26.〉

⑤ 제1항의 휴직제도 운영에 필요한 사항은 대통령령으로 정한다.

[전문개정 2011. 9. 30.]

第44조의2(직위해제) ① 임용권자는 다음 각 호의 어느 하나에 해당하는 자에게는 직위를 부여하지 아니할 수 있다.

1. 직무수행 능력이 부족하거나 근무성적이 극히 나쁜 자

2. 파면·해임·강등 또는 정직에 해당하는 징계의결이 요구 중인 자

3. 형사사건으로 기소된 자(약식명령이 청구된 자는 제외한다)

4. 금품비위, 성범죄 등 다음 각 목의 비위행위로 인하여 감사원 및 검찰·경찰 등 수사기관에서 조사나 수사 중인 자로서 비위의 정도가 중대하고 이로 인하여 정상적인 업무수행을 기대하기 현저히 어려운 자

가. 「국가공무원법」 제78조의2제1항 각 호의 행위

나. 「성폭력범죄의 처벌 등에 관한 특례법」 제2조에 따른 성폭력범죄 행위

다. 「성매매알선 등 행위의 처벌에 관한 법률」 제4조에 따른 금지행위

라. 「아동·청소년의 성보호에 관한 법률」 제2조제2호에 따른 아동·청소년대상 성범죄 행위

마. 「아동복지법」 제17조에 따른 금지행위

바. 교육공무원으로서의 품위를 크게 손상하여 그 직위를 유지하는 것이 부적절하다고 판단되는 행위

② 제1항에 따라 직위를 부여하지 아니한 경우 그 사유가 소멸되면 임용권자는 지체 없이 직위를 부여하여야 한다.

③ 임용권자는 제1항제1호에 따라 직위해제된 자에게 3개월의 범

위에서 대기를 명한다.

④ 임용권자 또는 임용제청권자는 제3항에 따라 대기명령을 받은 자에게 능력 회복이나 근무성적의 향상을 위한 교육훈련 또는 특별한 연구과제의 부여 등 필요한 조치를 하여야 한다.

⑤ 교육공무원에 대하여 제1항제1호의 직위해제 사유와 같은 항 제2호부터 제4호까지의 직위해제 사유가 경합(競合)할 때에는 같은 항 제2호부터 제4호까지의 직위해제 처분을 하여야 한다.

[본조신설 2021. 9. 24.]

제45조(휴직기간 등) ① 휴직기간은 다음 각 호와 같다. 〈개정 2014. 1. 24., 2016. 1. 27., 2018. 3. 20., 2019. 8. 20., 2021. 3. 23., 2022. 10. 18.〉

1. 제44조제1항제1호 및 제7호의3의 사유로 인한 휴직기간은 1년 이내로 하되, 부득이한 경우 1년의 범위에서 연장할 수 있다. 다만, 「공무원 재해보상법」에 따른 공무상 부상 또는 질병으로 인한 휴직기간은 3년 이내로 하되, 의학적 소견 등을 고려하여 대통령령으로 정하는 바에 따라 2년의 범위에서 연장할 수 있다.

2. 제44조제1항제2호 및 제4호의 사유로 인한 휴직기간은 그 복무기간이 끝날 때까지로 한다.

3. 제44조제1항제3호의 사유로 인한 휴직기간은 3개월 이내로 한다.

4. 제44조제1항제5호의 사유로 인한 휴직기간은 3년 이내로 한다. 다만, 학위취득을 하려는 경우에는 3년의 범위에서 연장할 수 있다.

5. 제44조제1항제6호의 사유로 인한 휴직기간은 그 고용기간으로 한다.

6. 제44조제1항제7호의 사유로 인한 휴직기간은 자녀 1명에 대하여 3년 이내로 하되 분할하여 휴직할 수 있다.

6의2. 제44조제1항제7호의2의 사유로 인한 휴직기간은 입양자녀 1명에 대하여 6개월 이내로 한다.

7. 제44조제1항제8호의 사유로 인한 휴직기간은 3년 이내로 한다.

8. 제44조제1항제9호의 사유로 인한 휴직기간은 1년 이내로 하되 재직기간 중 총 3년을 초과할 수 없다.

9. 제44조제1항제10호의 사유로 인한 휴직기간은 3년 이내로 하되 3년의 범위에서 연장할 수 있다. 다만, 총 휴직기간은 배우자의 국외 근무, 해외 유학·연구 또는 연수 기간을 초과할 수 없다.

10. 제44조제1항제11호의 사유로 인한 휴직기간은 그 전임자로 종사하는 기간으로 한다.

11. 제44조제1항제12호의 사유로 인한 휴직기간은 1년 이내로 하되, 재직기간 중 한 차례에 한정한다.

② 대학에 근무하는 교원인 경우에 제1항의 휴직기간은 임용기간 중의 남은 기간을 초과할 수 없다. 다만, 제44조제1항제2호·제4호부터 제7호까지·제7호의2·제8호부터 제10호까지, 같은 조 제2항 및 제3항에 따른 휴직은 그러하지 아니하다.

③ 제1항제6호 또는 제9호에 따라 2년 이상 휴직한 교원은 복직하려면 대통령령으로 정하는 바에 따라 연수를 받아야 한다.

[전문개정 2011. 9. 30.]

제46조(강임자의 우선승진임용 제한) 「국가공무원법」 제73조의4제2항 또는 「지방공무원법」 제65조의4제2항을 교육공무원에게 적용할 때 본인이 동의하여 강임을 조건으로 임용권자 또는 임용제청권자를 달리하는 기관에 전입된 사람은 우선하여 승진임용할 수 없다.

[전문개정 2011. 9. 30.]

제47조(정년) ① 교육공무원의 정년은 62세로 한다. 다만, 「고등교육법」 제14조에 따른 교원인 교육공무원의 정년은 65세로 한다.

② 교육공무원(임기가 있는 교육공무원을 포함한다)은 그 정년에 이른 날이 3월에서 8월 사이에 있는 경우에는 8월 31일에, 9월에서 다음 해 2월 사이에 있는 경우에는 다음 해 2월 말일에 각각 당연히 퇴직한다.

[전문개정 2011. 9. 30.]

제48조(교원의 불체포특권) 교원은 현행범인인 경우를 제외하고는 소속 학교의 장의 동의 없이 학원 안에서 체포되지 아니한다.

[전문개정 2011. 9. 30.]

제49조(고충처리) ① 교육공무원(공립대학에 근무하는 교육공무원은 제외한다. 이하 이 조에서 같다)은 누구나 인사·조직·처우 등 각종 직무조건과 그 밖의 신상문제에 대하여 인사상담이나 고충의 심사를 청구할 수 있으며, 이를 이유로 불이익한 처분이나 대우를 받지 아니한다.

② 제1항에 따라 청구를 받은 임용권자나 임용제청권자(임용추천권자를 포함한다. 이하 같다)는 이를 제3항에 따른 고충심사위원회 회의에 부쳐 심사하게 하거나 소속 공무원으로 하여금 상담하게 하

고, 그 결과에 따라 고충의 해소 등 공정한 처리를 위하여 노력하여야 한다.

③ 교육공무원의 고충을 심사하기 위하여 교육부에 교육공무원 중앙고충심사위원회를 두고, 임용권자 또는 임용제청권자 단위로 교육공무원 보통고충심사위원회를 두되 교육공무원 중앙고충심사위원회의 기능은 「교원의 지위 향상 및 교육활동 보호를 위한 특별법」에 따른 교원소청심사위원회에서 관장한다. 〈개정 2013. 3. 23., 2016. 2. 3.〉

④ 교육공무원 중앙고충심사위원회는 다음 각 호의 사항을 심사한다. 〈개정 2012. 3. 21., 2012. 12. 11., 2022. 12. 13.〉

1. 교육공무원 보통고충심사위원회의 심사를 거친 재심청구
2. 다음 각 목에 해당하는 사람의 고충
   가. 부교수 이상의 대학교원
   나. 제29조제1항에 따라 대통령이 임용하는 장학관ㆍ교육연구관
   다. 제29조의2제1항에 따라 대통령이 임용하는 교장ㆍ원장
   라. 「국가교육위원회 설치 및 운영에 관한 법률」 제20조제4항에 따라 대통령이 임용하는 장학관ㆍ교육연구관
3. 제58조에 따라 교육감이 임용하는 장학관과 교육연구관 중 교육행정기관에 근무하는 과장급 이상의 직위에 해당하는 사람, 교육연수기관의 장, 교육연구기관의 장, 교원연수기관의 장의 고충

⑤ 교육공무원 보통고충심사위원회는 다음 각 호의 사항을 심사한다. 〈개정 2012. 12. 11., 2013. 3. 23., 2021. 3. 23., 2022.

12. 13.〉

1. 조교수 이하의 대학교원의 고충

2. 제30조에 따라 교육부장관이 임용하는 교육공무원의 고충

3. 제58조에 따라 교육감이 임용하는 교육전문직원(제4항제3호에 해당하는 사람은 제외한다)의 고충

4. 「국가교육위원회 설치 및 운영에 관한 법률」 제20조제4항에 따라 국가교육위원회 위원장이 임용하는 교육공무원의 고충

⑥ 제5항에도 불구하고 같은 항에 규정된 교육공무원의 고충이 임용권자를 달리하는 둘 이상의 기관에 관련된 경우에는 교육공무원 중앙고충심사위원회에서 심사하고, 원래 소속 기관의 교육공무원 보통고충심사위원회에서 고충을 심사하는 것이 부적당하다고 인정되는 경우에는 바로 위 상급기관의 교육공무원 보통고충심사위원회에서 심사할 수 있다.

⑦ 임용권자나 임용제청권자는 심사 결과 필요하다고 인정할 때에는 처분청 또는 관계 기관의 장에게 그 시정을 요청할 수 있으며, 요청을 받은 처분청 또는 관계 기관의 장은 특별한 사유가 없으면 이를 이행하고, 그 처리결과를 통보하여야 한다. 다만, 부득이한 사유로 이행하지 못할 경우에는 그 사유를 통보하여야 한다.

⑧ 교육공무원 고충심사위원회의 구성·권한·심사절차와 그 밖에 필요한 사항은 대통령령으로 정한다.

[전문개정 2011. 9. 30.]

제50조(징계위원회의 설치) ① 교육공무원의 징계처분 및 제10조의3제1항 각 호 외의 부분 단서에 따른 교원의 채용에 관한 사항을

의결하게 하기 위하여 대통령령으로 정하는 교육기관, 교육행정기관, 지방자치단체 및 교육연구기관에 교육공무원 징계위원회(이하 "징계위원회"라 한다)를 둔다.

② 징계위원회의 종류·구성·권한·심의절차, 징계위원회 위원의 제척(除斥)이나 기피(忌避)에 관한 사항 및 징계대상자의 진술권 등 필요한 사항은 대통령령으로 정한다.

③ 징계대상자에게 의견을 진술할 기회를 주지 아니한 징계의 의결은 무효로 한다.

[전문개정 2011. 9. 30.]

제51조(징계의결의 요구) ① 교육기관, 교육행정기관, 지방자치단체 또는 교육연구기관의 장은 그 소속 교육공무원이 「국가공무원법」 제78조제1항 각 호의 징계사유 및 「지방공무원법」 제69조제1항 각 호의 징계사유에 해당한다고 인정하는 경우에는 지체 없이 해당 징계사건을 관할하는 징계위원회에 징계의결을 요구하여야 한다. 다만, 해당 징계사건을 관할하는 징계위원회가 상급기관에 설치되어 있는 경우에는 그 상급기관의 장에게 징계의결의 요구를 신청하여야 한다.

② 제1항의 경우에 징계의결 요구권자 자신에 관한 징계사건은 그 바로 위 감독청의 장이 징계의결을 요구한다.

[전문개정 2011. 9. 30.]

제52조(징계사유의 시효에 관한 특례) 교육공무원에 대한 징계사유가 다음 각 호의 어느 하나에 해당하는 경우에는 「국가공무원법」 제83조의2제1항, 「지방공무원법」 제73조의2제1항에도 불구하고 징계

사유가 발생한 날부터 10년 이내에 징계의결을 요구할 수 있다. 〈개정 2018. 4. 17., 2020. 12. 22., 2022. 10. 18.〉

1. 삭제 〈2022. 10. 18.〉

2. 삭제 〈2022. 10. 18.〉

3. 삭제 〈2022. 10. 18.〉

4. 삭제 〈2022. 10. 18.〉

5. 「학술진흥법」 제15조제1항에 따른 연구부정행위 및 「국가연구개발혁신법」 제31조제1항에 따른 국가연구개발사업 관련 부정행위

[본조신설 2015. 3. 27.]

제53조(「국가공무원법」과의 관계) ① 「국가공무원법」 제16조제1항을 교육공무원(공립대학에 근무하는 교육공무원은 제외한다. 이하 이 조에서 같다)인 교원에게 적용할 때 같은 항의 "소청심사위원회"는 "교원소청심사위원회"로 본다.

② 「국가공무원법」 제43조제1항을 교육공무원에 적용하는 경우에는 같은 항 본문 중 "제71조제1항제1호ㆍ제3호ㆍ제5호ㆍ제6호, 제71조제2항 또는 제73조의2"는 "「교육공무원법」 제44조제1항제1호ㆍ제2호ㆍ제4호부터 제7호까지ㆍ제7호의3ㆍ제8호부터 제12호까지, 같은 조 제2항 또는 제3항"으로 보고, 같은 조 제2항제1호 중 "제71조제1항제1호"는 "「교육공무원법」 제44조제1항제1호"로 보며, 같은 항 제2호 중 "제71조제2항제4호"는 "「교육공무원법」 제44조제1항제7호"로 본다. 〈개정 2016. 1. 27., 2019. 8. 20., 2023. 4. 11.〉

③ 「국가공무원법」 제70조제1항제3호에서의 직제의 개정 또는 폐지와 같은 법 제73조의4제1항에서의 직제의 변경은 「초ㆍ중등교육

법」 제2조 및 「고등교육법」 제2조의 학교(공립대학은 제외한다)의 학교·학과 또는 학부의 폐지를 포함하는 것으로 본다. 〈개정 2015. 3. 27., 2021. 3. 23.〉

④ 「국가공무원법」 제32조의4를 교육공무원에게 적용할 때 같은 조 제1항의 "국가기관의 장"은 "임용권자 또는 임용제청권자"로 본다.

⑤ 「국가공무원법」 제6조, 제17조, 제19조의2, 제21조, 제22조, 제22조의2, 제23조, 제24조, 제28조의2, 제28조의3, 제31조, 제31조의2, 제32조, 제32조의2, 제34조, 제36조, 제36조의2제1항제1호, 제37조부터 제39조까지, 제40조의2, 제41조, 제42조제2항 및 제50조는 교육공무원에게, 같은 법 제76조는 교원(공립대학의 교원은 제외한다)에게 각각 적용하지 아니한다. 〈개정 2018. 12. 18.〉

[전문개정 2011. 9. 30.]

제8장 공립대학의 교육공무원 〈개정 2011. 9. 30.〉

제54조(지방교육공무원 인사위원회) ① 공립대학에 근무하는 교육공무원(이하 "공립대학 교육공무원"이라 한다)의 인사에 관한 중요 사항에 대하여 지방자치단체의 장이 자문할 수 있도록 지방자치단체에 지방교육공무원 인사위원회를 둔다.

② 제1항에 따른 지방교육공무원 인사위원회(이하 "지방교육공무원 인사위원회"라 한다)는 위원장 1명을 포함한 7명의 위원으로 구성하며, 위원장은 해당 지방자치단체의 부단체장이 된다. 이 경우 부단체장이 2명 이상인 지방자치단체에서는 대통령령으로 정하는

부단체장을 말한다.

③ 위원은 7년 이상의 교육경력, 교육행정경력 또는 행정경력이 있고 인사행정에 관한 식견이 풍부한 사람 중에서 지방자치단체의 장이 임명하거나 위촉한다.

④ 지방자치단체의 장은 다음 각 호의 사항에 관하여는 지방교육공무원 인사위원회의 심의를 거쳐야 한다.

1. 공립대학 교육공무원의 인사행정에 관한 방침 및 기준의 결정과 기본계획의 수립에 관한 사항

2. 공립대학 교육공무원의 인사에 관한 조례 및 규칙의 제정·개정 또는 폐지에 관한 사항

3. 그 밖에 공립대학 교육공무원의 인사에 관한 중요한 사항

⑤ 지방교육공무원 인사위원회의 구성 및 운영에 필요한 사항은 대통령령으로 정한다.

[전문개정 2011. 9. 30.]

제55조(공립대학의 장 등의 임용) ① 공립대학의 장은 대통령령으로 정하는 바에 따라 해당 공립대학의 추천을 받아 지방교육공무원 인사위원회에 자문하여 지방자치단체의 장이 임용한다. 다만, 새로 설립되는 공립대학의 장을 임용하거나 공립대학의 장의 명칭 변경으로 인하여 학장으로 재직 중인 사람을 해당 공립대학의 총장으로, 총장으로 재직 중인 사람을 해당 공립대학의 학장으로 그 임기 중에 임용하는 경우에는 지방교육공무원 인사위원회에 자문하여 지방자치단체의 장이 임용한다.

② 교수·부교수·조교수는 공립대학의 장의 제청으로 지방자치단

체의 장이 임용하고, 조교는 공립대학의 장이 임용한다. 〈개정 2011. 7. 21.〉

③ 제2항에 따라 교수·부교수 및 조교수를 임용제청하려는 경우에는 해당 대학인사위원회의 동의를 받아야 하며, 대학인사위원회를 구성할 수 없는 신설 공립대학은 대학인사위원회가 구성될 때까지 지방교육공무원 인사위원회의 동의를 받아야 한다. 〈개정 2011. 7. 21.〉

④ 부총장은 교수 중에서, 대학원장과 단과대학장은 교수 또는 부교수 중에서 대학인사위원회의 동의를 받아 공립대학의 장이 임명한다.

⑤ 지방자치단체의 장은 제2항에 규정된 권한의 일부를 조례로 정하는 바에 따라 공립대학의 장에게 위임할 수 있다.

⑥ 공립대학의 장의 임용에 관하여는 제24조제7항을 준용한다. 이 경우 "대학"은 "공립대학"으로, "제25조"는 "제55조제2항 및 제3항"으로 본다.

[전문개정 2011. 9. 30.]

제56조(공립대학 교육공무원의 고충처리) ① 공립대학 교육공무원은 누구나 인사·조직·처우 등 각종 직무조건과 그 밖의 신상문제에 대하여 인사상담이나 고충의 심사를 청구할 수 있으며, 이를 이유로 불이익한 처분이나 대우를 받지 아니한다.

② 제1항에 따라 청구를 받은 임용권자나 임용제청권자는 이를 제3항에 따른 고충심사위원회의 회의에 부쳐 심사하게 하거나 소속 공무원으로 하여금 상담하게 하고, 그 결과에 따라 고충의 해소 등 공정한 처리를 위하여 노력하여야 한다.

③ 공립대학 교육공무원의 고충을 심사하기 위하여 지방자치단체

에 공립대학교육공무원 고충심사위원회(이하 “공립대학고충위원회”라 한다)를 두고, 공립대학에는 공립대학교육공무원 보통고충심사위원회(이하 “공립대학보통고충위원회”라 한다)를 두되, 공립대학고충위원회의 기능은 지방교육공무원 인사위원회에서 관장한다.

④ 공립대학고충위원회는 공립대학보통고충위원회의 심사를 거친 재심청구와 부교수 이상의 공립대학 교육공무원의 고충을 심사한다.

⑤ 공립대학보통고충위원회는 조교수 이하의 공립대학 교육공무원의 고충을 심사한다.

⑥ 제5항에도 불구하고 같은 항에 규정된 공립대학 교육공무원의 고충이 임용권자를 달리하는 둘 이상의 기관에 관련되거나 원래 소속 기관의 공립대학보통고충위원회에서 고충을 심사하는 것이 부적당하다고 인정되는 경우에는 공립대학고충위원회에서 심사할 수 있다.

⑦ 임용권자나 임용제청권자는 심사 결과 필요하다고 인정할 때에는 처분청 또는 관계 기관의 장에게 그 시정을 요청할 수 있으며, 요청을 받은 처분청 또는 관계 기관의 장은 특별한 사유가 없으면 이를 이행하고, 그 처리결과를 통보하여야 한다. 다만, 부득이한 사유로 이행하지 못할 경우에는 그 사유를 통보하여야 한다.

⑧ 공립대학고충위원회의 구성 · 권한 및 심사절차와 그 밖에 필요한 사항은 조례로 정한다.

[전문개정 2011. 9. 30.]

제57조(「지방공무원법」과의 관계) ① 「지방공무원법」 제20조의2를 공립대학 교육공무원인 교원에게 적용할 때 같은 조의 “심사위원회”는 “교원소청심사위원회”로 본다.

②「지방공무원법」 제41조제1항을 공립대학 교육공무원에게 적용할 때 같은 항 각 호 외의 부분 본문 중 "제63조제1항제1호 · 제2호 · 제4호 · 제5호, 제63조제2항 또는 제65조의2"는 "「교육공무원법」 제44조제1항제1호 · 제2호 · 제4호부터 제7호까지 · 제7호의3 · 제8호부터 제11호까지 또는 같은 조 제2항 및 제3항"으로 보고, 같은 항 제1호 중 "제63조제1항제1호"는 "「교육공무원법」 제44조제1항제1호"로 보며, 같은 항 제2호 중 "제63조제2항제4호"는 "「교육공무원법」 제44조제1항제7호"로 본다. 〈개정 2019. 8. 20., 2024. 3. 19.〉

③「지방공무원법」 제62조제1항제1호나목에서의 직제의 개정 또는 폐지와 같은 법 제65조의4제1항에서의 직제의 변경은 공립대학의 학교 · 학과 또는 학부의 폐지를 포함하는 것으로 본다. 〈개정 2021. 3. 23.〉

④「지방공무원법」 제6조, 제7조부터 제9조까지, 제9조의2, 제10조, 제10조의2, 제10조의3, 제11조, 제22조, 제22조의2, 제23조, 제24조, 제29조의2부터 제29조의5까지, 제30조, 제30조의2, 제32조, 제34조, 제34조의2, 제35조부터 제37조까지, 제39조, 제39조의2, 제40조 및 제74조는 공립대학 교육공무원에게, 같은 법 제67조제2항부터 제7항까지의 규정은 공립대학 교육공무원인 교원에게 각각 적용하지 아니한다. 〈개정 2012. 3. 21.〉

[전문개정 2011. 9. 30.]

제9장 교육감 소속 교육전문직원 〈신설 2012. 12. 11.〉

제58조(교육감 소속 교육전문직원의 임용) 교육감 소속 교육전문직

원은 교육감이 임용한다.

[본조신설 2012. 12. 11.]

[종전 제58조는 제62조로 이동 〈2012. 12. 11.〉]

제59조(지방교육전문직원 인사위원회) ① 교육감 소속 교육전문직원의 인사에 관한 중요 사항에 대하여 교육감이 자문할 수 있도록 교육감 소속으로 지방교육전문직원 인사위원회를 둔다.

② 제1항에 따른 지방교육전문직원 인사위원회는 위원장 1명을 포함한 7명의 위원으로 구성하며, 위원장은 부교육감이 된다. 부교육감이 2명인 시ㆍ도에서는 대통령령으로 정하는 부교육감을 위원장으로 한다.

③ 위원은 7년 이상의 교육경력 또는 교육행정경력이 있고 인사행정에 관한 식견이 풍부한 사람 중에서 교육감이 임명하거나 위촉한다.

④ 제1항에 따른 지방교육전문직원 인사위원회의 심의사항 등에 관하여는 제54조제4항 및 제5항을 준용한다. 이 경우 "공립대학 교육공무원"은 "교육감 소속 교육전문직원"으로, "지방교육공무원 인사위원회"는 "지방교육전문직원 인사위원회"로 본다.

[본조신설 2012. 12. 11.]

[종전 제59조는 제63조로 이동 〈2012. 12. 11.〉]

제60조(교육감 소속 교육전문직원의 채용 및 전직 등) ① 교육감 소속 교육전문직원과 「유아교육법」 및 「초ㆍ중등교육법」에 따른 국립ㆍ공립 학교의 교원 간에는 제12조제1항제4호에 따른 채용을 거쳐 상호 전직할 수 있다. 〈개정 2022. 10. 18.〉

② 교육부 및 그 소속 기관의 교육전문직원과 교육감 소속 교육전문직원 간에는 「지방공무원법」 제30조의2에도 불구하고 교육공무원 종류 및 교류인원 등을 달리하여 인사교류를 할 수 있다. 〈개정 2013. 3. 23.〉

③ 국가교육위원회의 교육전문직원과 교육감 소속의 교육전문직원 간에는 서로 전직하거나 전보할 수 있다. 〈신설 2022. 12. 13.〉

[본조신설 2012. 12. 11.]

[제목개정 2022. 10. 18.]

제61조(「지방공무원법」과의 관계) ① 「지방공무원법」 제20조의2를 교육감 소속 교육전문직원에게 적용할 때 "심사위원회"는 "교원소청심사위원회"로 본다.

② 「지방공무원법」 제41조제1항을 교육감 소속 교육전문직원에게 적용할 때 같은 항 각 호 외의 부분 본문 중 "제63조제1항제1호·제2호·제4호·제5호, 제63조제2항 또는 제65조의2"는 "「교육공무원법」 제44조제1항제1호·제2호·제4호부터 제7호까지·제7호의3·제8호부터 제11호까지 또는 같은 조 제2항 및 제3항"으로 보고, 같은 항 제1호 중 "제63조제1항제1호"는 "「교육공무원법」 제44조제1항제1호"로 보며, 같은 항 제2호 중 "제63조제2항제4호"는 "「교육공무원법」 제44조제1항제7호"로 본다. 〈개정 2019. 8. 20., 2024. 3. 19.〉

③ 「지방공무원법」 제7조부터 제9조까지, 제9조의2, 제10조, 제10조의2, 제10조의3, 제11조, 제22조, 제22조의2, 제23조, 제24조, 제29조의2, 제29조의4, 제30조, 제32조, 제34조, 제34조의2,

第35조부터 제37조까지, 제39조, 제39조의2, 제67조제2항부터 제7항까지 및 제74조는 교육감 소속 교육전문직원에게 적용하지 아니한다. 〈개정 2022. 10. 18.〉

[본조신설 2012. 12. 11.]

제10장 벌칙 〈개정 2012. 12. 11.〉

제62조(벌칙) ① 제24조의2제1항을 위반한 사람은 2년 이하의 징역 또는 2천만원 이하의 벌금에 처한다.

② 제24조의2제2항 또는 제4항을 위반한 사람은 1년 이하의 징역 또는 1천만원 이하의 벌금에 처한다.

③ 제24조의3제3항에 따라 적용되는 「공공단체등 위탁선거에 관한 법률」 제73조제3항을 위반하여 출입을 방해하거나 자료 제출 요구에 따르지 아니한 사람 또는 거짓 자료를 제출한 사람은 1년 이하의 징역 또는 1천만원 이하의 벌금에 처한다. 〈개정 2014. 6. 11., 2019. 4. 23.〉

④ 제24조의2제3항을 위반한 사람은 500만원 이상 3천만원 이하의 벌금에 처한다. 다만, 진실한 사실로서 오로지 공공의 이익에 관한 것일 때에는 처벌하지 아니한다.

⑤ 제1항부터 제4항까지에 규정된 죄의 공소시효는 해당 선거일 후 6개월이 지나면 완성된다. 다만, 범인이 도피한 경우에는 그 기간을 3년으로 한다.

[전문개정 2011. 9. 30.]

[제58조에서 이동 〈2012. 12. 11.〉]

제63조(과태료) ① 제24조의3제3항에 따라 적용되는 「공공단체등 위탁선거에 관한 법률」 제73조제4항에 따른 출석 요구를 정당한 사유 없이 따르지 아니한 사람에게는 100만원 이하의 과태료를 부과한다. 〈개정 2014. 6. 11., 2021. 3. 23.〉

② 제1항의 과태료는 구·시·군선거관리위원회가 부과·징수한다.

[전문개정 2011. 9. 30.]

[제59조에서 이동 〈2012. 12. 11.〉]

부칙 〈제3458호, 1981. 11. 23.〉

제1조 (시행일) 이 법은 공포후 40일이 경과한 날로부터 시행한다.

제2조 (부총장보직에 대한 경과조치) 이 법 시행당시 재직중인 대학교의 부총장은 그 잔임기간중 이 법에 의하여 보직된 것으로 본다.

제3조 (교장의 임용에 대한 경과조치) 이 법 시행당시 재직중인 교장은 이 법에 의하여 임명된 것으로 본다.

제4조 (징계처분 및 직위해제중인 교육공무원에 대한 경과조치) 이 법 시행당시 징계처분중에 있는 자와 종전의 제51조의2제2항의 규정에 의하여 직위해제된 자에 대한 처리는 종전의 규정을 적용한다.

제5조 (휴직 및 직위해제중인 교육공무원의 보수에 대한 경과조치) 이 법 시행당시 종전의 제47조제1항제2호 또는 제6호의 사유로 휴직된 교육공무원과 종전의 제51조의2제1항 또는 제2항의 사유로 직위해제중인 교육공무원의 보수는 대통령령으로 정할 때까지는 종전의 규정에 의하여 지급한다.

제6조 (명예퇴직수당에 대한 경과조치) 제36조의 규정에 의한 명예퇴직수당은 대통령령으로 정할 때까지는 종전의 제35조의2의 규정에 의하여 지급한다.

제7조 (자격증등에 대한 경과조치) 이 법 시행당시에 종전의 법률의 규정에 의하여 인정된 교원의 자격 또는 자격증은 계속 그 효력이 있는 것으로 본다.

제8조 (사립학교법의 개정) 사립학교법중 다음과 같이 개정한다.

제22조 제1호중 "교육공무원법 제16조"를 "국가공무원법 제33조"로 한다.

제54조의3 제1항제3호중 "교육공무원법 제35조의2"를 "국가공무원법 제49조"로 한다.

제58조의2 를 다음과 같이 한다.

제58조의2 (국가공무원법의 준용) 국가공무원법 제73조의2의 규정은 이를 사립학교 교원에게 준용한다. 이 경우 준용규정중 "임용권자 또는 임용제청권자"는 "임면권자"로 본다.

제9조 (서울대학교병원설치법의 개정) 서울대학교병원설치법중 다음과 같이 개정한다.

제11조 중 "교육공무원법 제43조의 규정에 의하여 준용되는 국가공무원법 제64조"를 "국가공무원법 제64조"로 한다.

제10조 (문화보호법의 개정) 문화보호법중 다음과 같이 개정한다.

제8조 제2항 및 제22조제2항중 "교육공무원법 제16조"를 각각 "국가공무원법 제33조"로 하고, 동법 부칙 제2항중 "교육공무원법 제46조제1항제1호"를 "국가공무원법 제70조제1항제1호"로 한다.

부칙 〈제3953호, 1987. 11. 28.〉

이 법은 1988년 1월 1일부터 시행한다.

부칙 〈제4009호, 1988. 4. 6.〉 (교육법)

제1조 (시행일) 이 법은 1988년 5월 1일부터 시행한다. 〈단서 생략〉

제2조 내지 제7조 생략

제8조 (교육장의 임명에 관한 경과조치) 이 법 적용 당시까지 시·군교육장 및 서울특별시·직할시의 교육구청장은 시·도교육감의 추천으로 문교부장관의 제청에 의하여 국무총리를 거쳐 대통령이 임명하되, 시·군교육장은 제45조의 개정규정에 불구하고 종전의 교육공무원법 [별표]의 규정에 의한 자격기준에 해당되는 자이어야 한다.

제9조 내지 제15조 생략

제16조 (다른 법률의 개정) 교육공무원법중 다음과 같이 개정한다.

제2조 제1항제2호중 "교육감·교육장·"을 삭제하고, 동조제3항중 "군"을 "군 및 자치구"로 한다.

제9조 중 "교육장·"을 삭제한다.

제22조 중 "교육감"을 "특별시·직할시·도교육장"으로 한다.

제29조의 제목 "(교육감·장학관등의 임용)"을 "(장학관등의 임용)"으로 하고, 동조제1항중 "교육감·교육장·" 및 동조제2항중 "(교육감을 제외한다)"와 동조제3항을 각각 삭제한다.

[별표]중 교육장란을 삭제한다.

제17조 생략

부칙 〈제4268호, 1990. 12. 27.〉 (정부조직법)

제1조 (시행일) 이 법은 공포한 날부터 시행한다. 〈단서 생략〉

제2조 및 제3조 생략

제4조 (문교부의 명칭변경에 따른 다른 법률의 개정) ①내지 ⑰생략

⑱교육공무원법중 다음과 같이 개정한다.

제3조 제1항·제3항, 제4조, 제22조, 제24조제1항·제2항, 제25조제1항·제3항, 제27조제1항, 제29조제1항·제2항, 제30조, 제33조, 제40조제3항·제5항 및 제44조제1항제8호중 "문교부장관"을 각각 "교육부장관"으로 한다.

제3조 제3항중 "문교부차관"을 "교육부차관"으로 한다.

제2조 제3항, 제3조제1항 및 제49조제2항중 "문교부"를 각각 "교육부"로 한다.

제23조 중 "문교부령"을 "교육부령"으로 한다.

⑲내지 ㊿생략

제5조 내지 제10조 생략

부칙 〈제4304호, 1990. 12. 31.〉

①(시행일) 이 법은 공포한 날부터 시행한다.

②(국·공립의 교육대학·사범대학등의 졸업자등에 대한 경과조치) 임용권자는 교사를 신규로 채용함에 있어서 1993연도까지 임용권자가 정하는 바에 따라 채용예정인원의 일정비율을 1989연도이전에 국립 또는 공립의 교육대학·사범대학 기타 교원양성기관에 입학한 자로서 소정의 교육과정을 이수하고 졸업하거나 수료한 자로 선발·

임용할 수 있다.

부칙 〈제4347호, 1991. 3. 8.〉 (지방교육자치에관한법률)

제1조 (시행일) 이 법은 법률 제4310호 지방자치법중개정법률 시행후 최초로 실시되는 지방의회의원선거일부터 시행한다.

제2조 내지 제10조 생략

제11조 (다른 법률의 개정) ①생략

②교육공무원법중 다음과 같이 개정한다.

제2조 제3항중 "시 · 군 및 자치구"를 삭제한다.

③및 ④생략

제12조 생략

부칙 〈제4348호, 1991. 3. 8.〉

①(시행일) 이 법은 공포한 날부터 시행한다.

②(대학교원 임용에 관한 경과조치) 이 법 시행당시 대학에 재직중인 교원과 이 법 시행후 신규로 임용되는 대학교원에 관하여는 제11조제3항의 개정규정에 의하여 대통령령으로 정할 때까지는 종전의 규정에 의한다.

③(총장 · 학장 임명에 관한 경과조치) 이 법 시행당시 재직중인 총장 및 학장은 이 법에 의하여 임명된 것으로 본다.

④(교장의 임기에 관한 경과조치) 이 법 시행당시 재직중인 교장은 이 법에 의하여 임명된 것으로 보며, 그 임기는 이 법 시행일부터 개시된다.

부칙 〈제4376호, 1991. 5. 31.〉 (교원지위향상을위한특별법)

제1조 (시행일) 이 법은 공포한 날부터 시행한다.

제2조 (경과조치) 이 법 시행당시 교육공무원법 또는 사립학교법에 의하여 교원의 소청 또는 재심이 진행중인 사건에 대하여는 종전의 규정에 의한다.

제3조 (다른 법률의 개정) ①교육공무원법중 다음과 같이 개정한다.

제52조 를 삭제한다.

제53조 제4항중 "제42조제2항 및 제50조"를 "제42조제2항 · 제50조 및 제76조"로 한다.

②생략

부칙 〈제4620호, 1993. 12. 27.〉

①(시행일) 이 법은 1994년 2월 1일부터 시행한다.

②(장학관 및 교육연구관에 대한 경과조치) 이 법 시행당시 재직중인 장학관 및 교육연구관은 이 법에 의하여 임용된 것으로 본다.

③(고충심사위원회에 계속중인 고충사건에 대한 경과조치) 이 법 시행당시 교육공무원중앙고충심사위원회에 계속중인 고충사건은 제49조제3항의 개정규정에 의한 교원징계재심위원회에서 이를 승계하여 처리한다.

부칙 〈제4841호, 1994. 12. 31.〉

이 법은 공포한 날부터 시행한다.

부칙 〈제5065호, 1995. 12. 29.〉

이 법은 1996년 3월 1일부터 시행한다.

부칙 〈제5158호, 1996. 8. 14.〉

이 법은 공포한 날부터 시행한다.

부칙 〈제5207호, 1996. 12. 30.〉

①(시행일) 이 법은 1997년 1월 1일부터 시행한다.

②(공립대학교육공무원의 임용에 대한 경과조치) 이 법 시행당시의 공립대학교육공무원은 이 법에 의하여 임용된 것으로 본다. 이 경우 임기가 있거나 기간을 정하여 임용된 자의 임기 또는 임용기간의 기산일은 종전의 규정에 의하여 임용된 날로 한다.

③(징계처분 및 직위해제중인 공립대학교육공무원에 대한 경과조치) 이 법 시행당시 징계처분요구중에 있거나 직위해제된 공립대학교육공무원에 대한 처리는 당해 대학의 장 또는 지방자치단체의 장이 각각 이를 승계한다.

④(다른 법률의 개정) 지방공무원법중 다음과 같이 개정한다.

제2조제2항제2호중 "지방소방공무원"을 "공립의 대학 및 전문대학에 근무하는 교육공무원 및 지방소방공무원"으로 한다.

제2조제2항제2호중 "지방소방공무원"을 "공립의 대학 및 전문대학에 근무하는 교육공무원 및 지방소방공무원"으로 한다.

부칙 〈제5717호, 1999. 1. 29.〉

제1조 (시행일) 이 법은 공포한 날부터 시행한다. 다만, 제10조의2, 제11조제4항·제5항 및 제6항의 개정규정은 1999년 9월 1일부터 시행하며, 제11조제3항 및 제11조의2의 개정규정은 2002년 1월 1일부터 시행한다.

제2조 (계약제 임용에 관한 경과조치) 종전의 규정에 의하여 기간을 정하여 임용된 교원의 경우에는 제11조의2의 개정규정에 불구하고 당해 임용기간이 종료될 때까지는 종전의 규정에 의한다.

제3조 (정년에 관한 경과조치) 이 법 시행당시 재직중인 교육공무원(고등교육법 제14조의 규정에 의한 교원을 제외한다)중 생년월일이 다음 각호의 1에 해당하는 자는 제47조제1항의 개정규정에 불구하고 각 해당 호에 규정된 일자에 당연퇴직된다.

1. 1934년 2월 28일이전인 자 : 1999년 2월 28일

2. 1934년 3월 1일부터 1937년 8월 31일까지의 기간중에 있는 자: 1999년 8월 31일

제4조 (명예퇴직에 관한 경과조치) ①부칙 제3조의 규정에 의한 당연퇴직일에 퇴직하거나 그 이전에 자진하여 퇴직하는 교육공무원의 명예퇴직수당의 지급대상 및 지급액에 관하여는 제47조제1항의 개정규정에 불구하고 종전의 정년을 적용한다.

② 이 법 시행당시 재직중인 교육공무원중 생년월일이 1937년 9월 1일부터 1942년 8월 31일까지인 자가 2000년 8월 31일이전에 자진하여 퇴직하는 경우에 명예퇴직수당의 지급대상 및 지급액에 관하여는 제47조제1항의 개정규정에 불구하고 종전의 정년을 적용한다.

부칙 〈제6211호, 2000. 1. 28.〉

이 법은 공포한 날부터 시행한다. 다만, 제44조제1항의 개정규정중 본인이 원하는 경우 휴직을 명하여야 하는 육아휴직 관련규정은 2001년 1월 1일부터 시행한다.

부칙 〈제6400호, 2001. 1. 29.〉 (정부조직법)

제1조 (시행일) 이 법은 공포한 날부터 시행한다. 〈단서 생략〉

제2조 생략

제3조 (다른 법률의 개정) ①내지 ⑥생략

⑦교육공무원법중 다음과 같이 개정한다.

제2조제3항, 제3조제1항, 제29조제1항 및 제49조제3항중 "교육부"를 각각 "교육인적자원부"로 한다.

제3조제1항 · 제3항, 제4조 본문, 제22조, 제24조제1항 전단 및 후단 · 제2항, 제25조제1항 · 제3항, 제27조제1항, 제29조제1항 · 제2항 본문 · 제3항 · 제4항, 제29조의2제1항 · 제7항, 제30조 본문, 제33조제1항, 제40조제3항 · 제5항, 제44조제1항제8호 및 제49조제5항중 "교육부장관"을 각각 "교육인적자원부장관"으로 한다.

제3조제3항중 "교육부차관"을 "교육인적자원부차관"으로 한다.

제23조중 "교육부령"을 "교육인적자원부령"으로 한다.

⑧내지 〈79〉생략

제4조 생략

부칙 〈제6710호, 2002. 8. 26.〉

이 법은 공포한 날부터 시행한다.

부칙 〈제6741호, 2002. 12. 5.〉

이 법은 공포한 날부터 시행한다. 다만, 제19조의2의 개정규정은 공포후 3월이 경과한 날부터 시행한다.

부칙 〈제6932호, 2003. 7. 25.〉

①(시행일) 이 법은 공포후 3월이 경과한 날부터 시행한다.

②(대학인사위원회 여성위원에 관한 특례) 제5조제2항의 개정규정을 적용함에 있어서 대학인사위원회의 위원이 될 수 있는 여성교원이 없는 대학에 대하여는 당해 여성교원이 확보된 날부터 적용한다.

부칙 〈제7120호, 2004. 1. 29.〉 (유아교육법)

제1조 (시행일) 이 법은 공포후 1년이 경과한 날부터 시행한다.

제2조 내지 제7조 생략

제8조 (다른 법률의 개정) ①및 ②생략

③교육공무원법중 다음과 같이 개정한다.

제2조제2항제1호중 "초·중등교육법 제2조"를 "유아교육법 제2조제2호의 규정에 의한 유치원, 초·중등교육법 제2조"로 한다.

④내지 ⑪생략

제9조 생략

부칙 〈제7223호, 2004. 10. 15.〉

제1조 (시행일) 이 법은 공포한 날부터 시행한다.

제2조 (적용시한) ①별표 2의 개정규정중 제2호 내지 제4호는 다음 각호와 같이 적용한다.

1. 2005학년도 입학생 : 2010년에 공고되는 공개전형까지
2. 2004학년도 입학생 : 2009년에 공고되는 공개전형까지
3. 2003학년도 입학생 : 2008년에 공고되는 공개전형까지
4. 2002학년도 입학생 : 2007년에 공고되는 공개전형까지
5. 2001학년도 이전 입학생 : 2006년에 공고되는 공개전형까지

②제1항 각호의 1에 해당하는 자중 재학중 또는 졸업후 제11조제1항의 규정에 의한 공개전형에 응시하기 전에 병역법에 의한 병역의무의 이행을 위하여 징집 또는 소집된 자는 그 징집 또는 소집된 기간만큼 연장하여 적용한다.

부칙 〈제7353호, 2005. 1. 27.〉

①(시행일) 이 법은 공포한 날부터 시행한다.

②(기간임용된 대학교원의 재임용 절차에 관한 경과조치) 이 법 시행당시 종전의 규정에 의하여 기간을 정하여 임용되어 재직 중인 대학교원의 재임용 관련절차는 제11조의3제2항 내지 제6항의 개정규정에 의한다.

부칙 〈제7354호, 2005. 1. 27.〉 (교원지위향상을위한특별법)

제1조 (시행일) 이 법은 공포한 날부터 시행한다.

제2조 생략

제3조 (다른 법률의 개정) ①생략

②교육공무원법중 다음과 같이 개정한다.

제49조제3항중 "교원징계재심위원회"를 "교원소청심사위원회"로 하고, 제53조제1항중 ""교원징계재심위원회""를 ""교원소청심사위원회""로 하며, 제57조제1항중 ""교원징계재심위원회""를 ""교원소청심사위원회""로 한다.

③생략

제4조 생략

부칙 〈제7360호, 2005. 1. 27.〉 (지방공무원법)

제1조 (시행일) 이 법은 공포한 날부터 시행한다. 〈단서 생략〉

제2조 생략

제3조 (다른 법률의 개정) ①교육공무원법중 다음과 같이 개정한다.

제46조중 "지방공무원법 제65조의3제2항"을 "지방공무원법 제65조의4제2항"으로 한다.

제57조제3항중 "동법 제65조의3제1항"을 "동법 제65조의4제1항"으로 한다.

②생략

제4조 생략

부칙 〈제7537호, 2005. 5. 31.〉

①(시행일) 이 법은 공포 후 3월이 경과한 날부터 시행한다.

②(선거사무위탁에 관한 적용례) 제24조의3의 개정규정은 이 법

시행 후 처음 실시되는 대학의 장 후보자 추천을 위한 선거부터 적용한다.

부칙 〈제8498호, 2007. 7. 13.〉

이 법은 공포한 날부터 시행한다.

부칙 〈제8528호, 2007. 7. 19.〉

이 법은 2008년 1월 1일부터 시행한다.

부칙 〈제8635호, 2007. 8. 3.〉 (자본시장과 금융투자업에 관한 법률)

제1조 (시행일) 이 법은 공포 후 1년 6개월이 경과한 날부터 시행한다. 〈단서 생략〉

제2조 부터 제41조까지 생략

제42조 (다른 법률의 개정) ① 부터 ㉙ 생략

㉚ 교육공무원법 일부를 다음과 같이 개정한다.

제19조의2제1항 중 "증권거래법 제2조제19항의 규정에 의한"을 "「자본시장과 금융투자업에 관한 법률」 제9조제3항에 따른"으로 한다.

㉛ 부터 〈67〉 까지 생략

제43조 및 제44조 생략

부칙 〈제8852호, 2008. 2. 29.〉 (정부조직법)

제1조 (시행일) 이 법은 공포한 날부터 시행한다. · · · 〈생략〉 · ·

· 부칙 제6조에 따라 개정되는 법률 중 이 법의 시행 전에 공포되었으나 시행일이 도래하지 아니한 법률을 개정한 부분은 각각 해당 법률의 시행일부터 시행한다.

제2조 부터 제5조까지 생략

제6조 (다른 법률의 개정) ① 부터 〈68〉 까지 생략

〈69〉 교육공무원법 일부를 다음과 같이 개정한다.

제2조제3항 중 "교육인적자원부" 를 "교육과학기술부"로 한다.

제3조제1항 중 "교육인적자원부장관"을 "교육과학기술부장관"으로, "교육인적자원부"를 "교육과학기술부"로 하고, 같은 조 제3항 중 "교육인적자원부차관"을 "교육과학기술부차관"으로, "교육인적자원부장관"을 "교육과학기술부장관"으로 한다.

제4조 각 호 외의 부분, 제22조, 제25조제1항 · 제3항, 제27조제1항, 제29조의2제1항 · 제7항, 제30조 각 호 외의 부분, 제33조제1항, 제40조제3항 · 제5항, 제44조제1항제8호 중 "교육인적자원부장관"을 각각 "교육과학기술부장관"으로 한다.

제11조의4제2항 후단, 제23조의2제1항 및 제24조의3제2항 전단 · 같은 항 후단 중 "교육인적자원부장관"을 각각 "교육과학기술부장관"으로 한다.

제23조 중 "교육인적자원부령"을 "교육과학기술부령"으로 한다.

제24조제1항 전단, 같은 항 후단, 같은 조 제2항 중 "교육인적자원부장관"을 각각 "교육과학기술부장관"으로 하고, 같은 조 제6항 중 "교육인적자원부장관"을 "교육과학기술부장관"으로 한다.

제29조제1항 중 "교육인적자원부"를 "교육과학기술부"로, "교육인

적자원부장관"을 "교육과학기술부장관"으로 하고, 같은 조 제2항 각 호 외의 부분, 제3항 및 제4항 중 "교육인적자원부장관"을 각각 "교육과학기술부장관"으로 한다.

제49조제3항 중 "교육인적자원부"를 "교육과학기술부"로 하고, 같은 조 제5항 중 "교육인적자원부장관"을 "교육과학기술부장관"으로 한다.

〈70〉 부터 〈760〉 까지 생략

제7조 생략

부칙 〈제8889호, 2008. 3. 14.〉

①(시행일) 이 법은 공포한 날부터 시행한다. 다만, 제44조제1항제6호의 개정규정은 2009년 1월 1일부터 시행한다.

②(교원의 채용에 관한 적용례) 제10조의3의 개정규정은 이 법 시행 후 같은 조 제1항 각 호의 개정규정에 따른 징계사유가 발생하여 징계에 의하여 최초로 파면·해임된 자부터 적용한다.

부칙 〈제10258호, 2010. 4. 15.〉 (성폭력범죄의 처벌 등에 관한 특례법)

제1조(시행일) 이 법은 공포한 날부터 시행한다. 〈단서 생략〉

제2조 부터 제4조까지 생략

제5조(다른 법률의 개정) ① 생략

② 교육공무원법 일부를 다음과 같이 개정한다.

제10조의3제1항제1호 중 "「성폭력범죄의 처벌 및 피해자보호 등에

관한 법률」"을 "「성폭력범죄의 처벌 등에 관한 특례법」"으로 한다.

③ 부터 ⑮ 까지 생략

제6조 생략

부칙 〈제10634호, 2011. 5. 19.〉

제1조(시행일) 이 법은 공포한 날부터 시행한다.

제2조(교원 등 채용의 제한에 관한 적용례) 제10조의3제1항 및 제32조제4항의 개정규정은 이 법 시행 후 제10조의3제1항 각 호의 어느 하나의 행위로 인하여 최초로 파면·해임되거나 금고 이상의 형을 선고받은 사람(집행유예의 형을 선고받은 후 그 집행유예기간이 경과한 사람을 포함한다)부터 적용한다.

제3조(공무상 질병 또는 부상으로 인한 휴직기간 확대에 따른 적용례) 제45조제1항제1호의 개정규정은 이 법 시행 전에 공무상 질병 또는 부상으로 휴직하였거나 이 법 시행 당시 휴직 중에 있는 사람에게도 적용한다.

부칙 〈제10866호, 2011. 7. 21.〉 (고등교육법)

제1조(시행일) 이 법은 공포한 날부터 시행한다. 다만, …〈생략〉… 부칙 제3조는 공포 후 1년이 경과한 날부터 각각 시행한다.

제2조 생략

제3조(다른 법률의 개정) ① 및 ② 생략

③ 교육공무원법 일부를 다음과 같이 개정한다.

제5조제1항 중 "교수·부교수·조교수·전임강사"를 "교수·부교

수 ·조교수"로 한다.

제8조 중 "교수·부교수·조교수·전임강사·조교"를 "교수·부교수·조교수 및 조교"로 한다.

제19조의2제1항 중 "교수·부교수·조교수 및 전임강사"를 "교수·부교수 및 조교수"로 한다.

제26조의 제목 및 같은 조 제1항 중 "전임강사·조교"를 각각 "조교"로 하고, 같은 조 제2항을 삭제한다.

제55조제2항 중 "전임강사·조교"를 "조교"로 하고, 같은 조 제3항 중 "교수·부교수·조교수를 임용제청하거나 전임강사를 임용하고자 할 때에는"을 "교수·부교수 및 조교수를 임용제청하고자 할 때에는"으로 한다.

④부터 ㉗까지 생략

제4조 생략

부칙 〈제10868호, 2011. 7. 21.〉

이 법은 공포한 날부터 시행한다.

부칙 〈제10905호, 2011. 7. 25.〉

이 법은 공포 후 3개월이 경과한 날부터 시행한다.

부칙 〈제11066호, 2011. 9. 30.〉

제1조(시행일) 이 법은 공포 후 3개월이 경과한 날부터 시행한다. 다만, 부칙 제4조는 2012년 7월 22일부터 시행한다.

제2조(고등학교 이하 각급학교의 초빙교장에 대한 경과조치) 이 법 시행 당시 종전의 규정에 따라 초빙교장으로 재직하였거나 재직 중인 경력은 제29조의2제3항의 개정규정에도 불구하고 교장으로 재직하는 횟수에 포함하지 아니한다.

제3조(초빙교장 등에 대한 경과조치) ① 이 법 시행 당시 종전의 규정에 따른 초빙교장과 「초·중등교육법」 제61조에 따른 학교의 공모 교장은 이 법에 따른 공모 교장으로 본다.

② 이 법 시행 당시 종전의 규정에 따른 초빙교장의 임용절차 또는 「초·중등교육법」 제61조에 따른 학교의 교장 공모 절차가 진행 중인 사람의 임용은 종전의 규정에 따른다.

제4조(다른 법률의 개정) 법률 제10866호 고등교육법 일부개정법률 일부를 다음과 같이 개정한다.

법률 제10866호 고등교육법 일부개정법률 부칙 제3조제3항을 다음과 같이 한다.

③ 교육공무원법 일부를 다음과 같이 개정한다.

제5조제1항제2호 중 "교수, 부교수, 조교수 및 전임강사"를 "교수, 부교수 및 조교수"로 한다.

제8조 중 "교수·부교수·조교수·전임강사 및 조교"를 "교수, 부교수, 조교수 및 조교"로 한다.

제19조의2제1항 중 "교수·부교수·조교수 및 전임강사"를 "교수, 부교수 및 조교수"로 한다.

제26조의 제목 및 같은 조 제1항 중 "전임강사·조교"를 각각 "조교"로 하고, 같은 조 제2항을 삭제한다.

제55조제2항 중 "전임강사 · 조교"를 "조교"로 하고, 같은 조 제3항 중 "교수 · 부교수 및 조교수를 임용제청하거나 전임강사를 임용하려는 경우에는"을 "교수 · 부교수 및 조교수를 임용제청하려는 경우에는"으로 한다.

부칙 〈제11213호, 2012. 1. 26.〉

제1조(시행일) 이 법은 공포한 날부터 시행한다. 다만, 제33조제2항의개정규정은 2012년 3월 1일부터 시행한다.

제2조(결격사유에 관한 적용례) 제10조의3 및 제10조의4의 개정규정은 이 법 시행 후 최초로 임용되는 교육공무원부터 적용한다.

제3조(당연퇴직에 관한 적용례) 제43조의2의 개정규정은 이 법 시행 후 최초로 제10조의4의 개정규정에 따른 결격사유에 해당하는 사람부터 적용한다.

제4조(근속기간 산입에 관한 적용례) 제44조제4항의 개정규정은 이 법 시행 전에 임신 · 출산 또는 자녀양육을 위하여 휴직한 교육공무원의 휴직기간에 대하여도 적용한다.

부칙 〈제11381호, 2012. 3. 21.〉

제1조(시행일) 이 법은 2013년 3월 1일부터 시행한다.

제2조(원장의 임기에 관한 경과조치) 이 법 시행 당시 종전의 규정에 따라 재직하고 있는 원장에 대하여는 이 법 시행일부터 임기가 시작된 것으로 본다.

부칙 〈제11382호, 2012. 3. 21.〉 (유아교육법)

제1조(시행일) 이 법은 공포한 날부터 시행한다. 〈단서 생략〉

제2조 생략

제3조(다른 법률의 개정) ① 교육공무원법 일부를 다음과 같이 개정한다.

제32조제1항제5호 중 "종일제를"을 "방과후 과정을"로 한다.

②부터 ④까지 생략

부칙 〈제11396호, 2012. 3. 21.〉 (지방공무원법)

제1조(시행일) 이 법은 공포 후 6개월이 경과한 날부터 시행한다. 〈단서 생략〉

제2조 생략

제3조(다른 법률의 개정) ① 및 ② 생략

③ 교육공무원법 일부를 다음과 같이 개정한다.

제57조제4항 중 "「지방공무원법」 제6조, 제7조부터 제9조까지, 제9조의2, 제10조"를 "「지방공무원법」 제6조, 제7조부터 제9조까지, 제9조의2, 제10조, 제10조의2, 제10조의3"으로 한다.

부칙 〈제11527호, 2012. 12. 11.〉

제1조(시행일) 이 법은 공포 후 6개월이 경과한 날부터 시행한다.

제2조(교육감 소속 교육전문직원의 임용에 관한 경과조치) 이 법 시행 당시 교육감 소속 교육전문직원인 사람은 제58조의 개정규정에 따라 임용된 것으로 본다.

제3조(다른 법률의 개정) ① 교육관련기관의 정보공개에 관한 특례법 일부를 다음과 같이 개정한다.

제2조제6호 중 "「교육공무원법」 제2조제3항"을 "「교육공무원법」 제2조제4항"으로 하고, 같은 조 제7호 중 "「교육공무원법」 제2조제4항"을 "「교육공무원법」 제2조제5항"으로 한다.

② 과학교육 진흥법 일부를 다음과 같이 개정한다.

제2조제3호 중 "「교육공무원법」 제9조"를 "「교육공무원법」 제2조제2항"으로 한다.

③ 제주특별자치도 설치 및 국제자유도시 조성을 위한 특별법 일부를 다음과 같이 개정한다.

제98조제3항 중 "「교육공무원법」 제29조제2항"을 "「교육공무원법」 제58조"로 한다.

제98조제4항을 삭제한다.

④ 한국교직원공제회법 일부를 다음과 같이 개정한다.

제7조의2제2항제1호 중 "「교육공무원법」 제2조제2항부터 제4항까지"를 "「교육공무원법」 제2조제3항부터 제5항까지"로 한다.

부칙 〈제11690호, 2013. 3. 23.〉 (정부조직법)

제1조(시행일) ① 이 법은 공포한 날부터 시행한다.

② 생략

제2조 부터 제5조까지 생략

제6조(다른 법률의 개정) ①부터 ㉓까지 생략

㉔ 교육공무원법 일부를 다음과 같이 개정한다.

제2조제3항, 제3조제1항, 제29조제1항 및 제49조제3항 중 “교육과학기술부”를 각각 “교육부”로 한다.

제3조제1항·제3항, 제4조 각 호 외의 부분, 제11조의4제2항 후단, 제22조, 제23조의2제1항, 제24조제1항 본문·단서, 같은 조 제5항·제6항, 제24조의3제2항 전단·후단, 제25조제1항·제3항, 제27조제1항, 제29조제1항, 같은 조 제2항 각 호 외의 부분, 같은 조 제3항·제4항, 제29조의2제1항·제7항, 제29조의4제1항, 제30조 각 호 외의 부분, 제33조제1항, 제40조제3항, 같은 조 제5항 각 호 외의 부분 전단, 제44조제1항제8호 및 제49조제5항 중 “교육과학기술부장관”을 각각 “교육부장관”으로 한다.

제3조제3항 중 “교육과학기술부차관”을 “교육부차관”으로 한다.

제23조제2항 중 “교육과학기술부령”을 “교육부령”으로 한다.

법률 제11527호 교육공무원법 일부개정법률 제29조제2항 및 제49조제5항제2호 중 “교육과학기술부장관”을 “교육부장관”으로 하고, 제30조제2호 및 제60조제2항 중 “교육과학기술부”를 각각 “교육부”로 한다.

㉕부터 〈710〉까지 생략

제7조 생략

부칙 〈제12121호, 2013. 12. 30.〉

이 법은 2014년 2월 14일부터 시행한다.

부칙 〈제12332호, 2014. 1. 24.〉

제1조(시행일) 이 법은 2014년 2월 7일부터 시행한다.

제2조(질병 등으로 인한 휴직기간에 관한 적용례) 제45조제1항제1호 본문의 개정규정은 이 법 시행 당시 제44조제1항제1호에 따라 휴직 중인 교육공무원에 대해서도 적용한다.

부칙 〈제12755호, 2014. 6. 11.〉 (공공단체등 위탁선거에 관한 법률)

제1조(시행일) 이 법은 2014년 8월 1일부터 시행한다.

제2조 부터 제4조까지 생략

제5조(다른 법률의 개정) ① 교육공무원법 일부를 다음과 같이 개정한다.

제24조의3제2항 전단 중 "「선거관리위원회법」 제3조제5항"을 "「공공단체등 위탁선거에 관한 법률」 제79조(시행규칙)"로 하고, 같은 조 제3항 중 "단속 및 조사, 중지, 경고 등에 관하여는 「공직선거법」 제272조의2 및 「선거관리위원회법」 제14조의2를 준용한다."를 "조사 등에 관하여는 「공공단체등 위탁선거에 관한 법률」 제73조(위반행위에 대한 조사 등)를 적용한다."로 한다.

제62조제3항 중 "준용되는 「공직선거법」 제272조의2제3항"을 "적용되는 「공공단체등 위탁선거에 관한 법률」 제73조제3항"으로 한다.

제63조제1항 중 "준용되는 「공직선거법」 제272조의2제4항"을 "적용되는 「공공단체등 위탁선거에 관한 법률」 제73조제4항"으로 한다.

②부터 ④까지 생략

부칙 〈제13221호, 2015. 3. 27.〉

제1조(시행일) 이 법은 공포한 날부터 시행한다.

제2조(징계사유의 시효 연장에 관한 적용례) 제52조의 개정규정은 이 법 시행 전에 징계사유가 발생하였으나 이 법 시행 당시 종전의 규정에 따른 징계시효가 완성되지 아니한 사람에 대해서도 적용한다.

제3조(다른 법률의 개정) 지역특화발전특구에 대한 규제특례법 일부를 다음과 같이 개정한다.

제18조제2항 단서 중 "「교육공무원법」 제29조의2제1항 · 제7항"을 "「교육공무원법」 제29조의2제1항 · 제8항"으로 한다.

부칙 〈제13819호, 2016. 1. 27.〉

제1조(시행일) 이 법은 공포한 날부터 시행한다.

제2조(부정행위자 조치에 관한 적용례) 제11조의2의 개정규정은 이 법 시행 이후 최초로 실시하는 채용시험부터 적용한다.

제3조(육아휴직에 관한 적용례) 제45조제1항제6호의 개정규정은 이 법 시행 전에 휴직하였거나 이 법 시행 당시 휴직 중인 사람에 대해서도 적용한다.

제4조(결격사유에 관한 경과조치) 이 법 시행 당시 교육공무원으로 재직 중인 사람이 이 법 시행 전의 행위로 제10조의4제2호의 개정규정에 따른 결격사유에 해당하게 된 경우에 임용(신규채용 및 특별

채용은 제외한다) 및 당연퇴직에 관하여는 같은 개정규정에도 불구하고 종전의 규정에 따른다.

제5조(다른 법률의 개정) ① 법률 제11212호 고등교육법 일부개정법률 일부를 다음과 같이 개정한다.

제14조의2제2항제1호가목 중 "제11조의2제2항 · 제3항"을 "제11조의3제2항 · 제3항"으로 한다.

② 교원지위향상을 위한 특별법 일부를 다음과 같이 개정한다.

제7조제1항 중 "제11조의3제4항"을 "제11조의4제4항"으로 한다.

부칙 〈제13936호, 2016. 2. 3.〉 (교원의 지위 향상 및 교육활동 보호를 위한 특별법)

제1조(시행일) 이 법은 공포 후 6개월이 경과한 날부터 시행한다.

제2조 생략

제3조(다른 법률의 개정) ① 생략

② 교육공무원법 일부를 다음과 같이 개정한다.

제11조의4제6항 및 제49조제3항 중 "「교원지위향상을 위한 특별법」"을 각각 "「교원의 지위 향상 및 교육활동 보호를 위한 특별법」"으로 한다.

③부터 ⑧까지 생략

제4조 생략

부칙 〈제15039호, 2017. 11. 28.〉

제1조(시행일) 이 법은 공포 후 6개월이 경과한 날부터 시행한다.

제2조(교원의 재임용 평가에 관한 적용례) 제11조의4제5항 및 제6항의 개정규정은 이 법 시행 후 최초로 교원의 재임용을 평가하는 경우부터 적용한다.

제3조(사외이사 보수 제한에 관한 적용례) 제19조의2제2항의 개정규정은 이 법 시행 후 최초로 상업·공업·금융업, 그 밖에 영리를 목적으로 하는 사기업체의 사외이사 겸직 허가를 받는 경우부터 적용한다.

부칙 〈제15522호, 2018. 3. 20.〉 (공무원 재해보상법)

제1조(시행일) 이 법은 공포 후 6개월이 경과한 날부터 시행한다. 〈단서 생략〉

제2조 부터 제28조까지 생략

제29조(다른 법률의 개정) ①부터 ④까지 생략

⑤ 교육공무원법 일부를 다음과 같이 개정한다.

제45조제1항제1호 단서 중 "「공무원연금법」에 따른 공무상 질병 또는 부상"을 "「공무원 재해보상법」에 따른 공무상 부상 또는 질병"으로 한다.

⑥부터 ⑰까지 생략

제30조 생략

부칙 〈제15523호, 2018. 3. 20.〉 (공무원연금법)

제1조(시행일) 이 법은 공포 후 6개월이 경과한 날부터 시행한다.

제2조 부터 제35조까지 생략

제36조(다른 법률의 개정) ① 교육공무원법 일부를 다음과 같이 개정한다.

제44조제1항제12호 중 "「공무원연금법」 제23조"를 "「공무원연금법」 제25조"로 한다.

②부터 ⑥까지 생략

제37조 생략

부칙 〈제15553호, 2018. 4. 17.〉

제1조(시행일) 이 법은 공포한 날부터 시행한다.

제2조(징계사유의 시효 연장에 관한 적용례) 제52조의 개정규정은 이 법 시행 전에 징계사유가 발생하였으나 종전의 규정에 따른 징계시효가 완성되지 아니한 사람에 대해서도 적용한다.

부칙 〈제15949호, 2018. 12. 18.〉

제1조(시행일) 이 법은 공포한 날부터 시행한다. 다만, 제44조제1항제9호 및 제53조제5항의 개정규정은 공포 후 3개월이 경과한 날부터 시행하며, 제5조제1항 및 제11조의5의 개정규정은 공포 후 6개월이 경과한 날부터 시행한다.

제2조(벌금형의 분리에 관한 적용례) 제10조의5의 개정규정(제1호는 제외한다)은 이 법 시행 후 최초로 제10조의4제3호에 규정된 죄를 저지른 사람부터 적용한다.

부칙 〈제16332호, 2019. 4. 23.〉

이 법은 공포한 날부터 시행한다.

부칙 〈제16436호, 2019. 8. 20.〉

제1조(시행일) 이 법은 공포 후 6개월이 경과한 날부터 시행한다.

제2조(불임ㆍ난임의 질병휴직에 관한 적용례) 제44조제1항제7호의3의 개정규정은 이 법 시행 후 최초로 휴직을 신청하는 경우부터 적용한다.

부칙 〈제16871호, 2020. 1. 29.〉

이 법은 공포 후 6개월이 경과한 날부터 시행한다.

부칙 〈제17657호, 2020. 12. 22.〉

제1조(시행일) 이 법은 공포 후 6개월이 경과한 날부터 시행한다.

제2조(징계사유의 시효에 관한 적용례) 제52조의 개정규정은 이 법 시행 이후 발생하는 연구부정행위 및 국가연구개발사업 관련 부정행위부터 적용한다.

부칙 〈제17954호, 2021. 3. 23.〉 (법률용어 정비를 위한 교육위원회 소관 34개 법률 일부개정을 위한 법률)

이 법은 공포한 날부터 시행한다.〈단서 생략〉

부칙 〈제18298호, 2021. 7. 20.〉 (국가교육위원회 설치 및 운영에 관한 법률)

제1조(시행일) 이 법은 공포 후 1년이 경과한 날부터 시행한다.
제2조 부터 제5조까지 생략
제6조(다른 법률의 개정) ①부터 ⑫까지 생략
⑬ 교육공무원법 일부를 다음과 같이 개정한다.
제2조제4항 중 "교육부"를 "국가교육위원회, 교육부"로 한다.

부칙 〈제18455호, 2021. 9. 24.〉

제1조(시행일) 이 법은 공포 후 3개월이 경과한 날부터 시행한다. 다만, 제43조의2의 개정규정은 공포 후 6개월이 경과한 날부터 시행한다.
제2조(당연퇴직에 관한 적용례) 제43조의2제2항의 개정규정은 이 법 시행 이후 발생한 범죄행위로 같은 개정규정에 따른 당연퇴직 사유에 해당하게 된 경우부터 적용한다.

부칙 〈제18990호, 2022. 10. 18.〉

제1조(시행일) 이 법은 공포 후 6개월이 경과한 날부터 시행한다. 다만, 제11조제4항, 제17조제3항, 제32조의2제4항, 제33조제1항, 제40조제5항 및 제52조의 개정규정은 공포한 날부터 시행한다.
제2조(공무상 부상 또는 질병으로 인한 휴직기간의 연장에 관한 적용례) 제45조제1항제1호 단서의 개정규정은 이 법 시행 당시 종전의 규정에 따라 휴직하였거나 휴직 중인 사람에 대해서도 적용한다.
제3조(진행 중인 시험 및 전직에 관한 경과조치) 이 법 시행 당시 진행 중인 시험 및 전직에 대해서는 제12조 및 제60조의 개정규정

에도 불구하고 종전의 규정에 따른다.

제4조(징계사유의 시효에 관한 특례에 관한 경과조치) 부칙 제1조 단서에 따른 시행일 전에 징계사유가 발생한 경우 그 징계시효에 관하여는 제52조의 개정규정에도 불구하고 종전의 규정에 따른다.

제5조(다른 법률의 개정) 사립학교법 일부를 다음과 같이 개정한다.

제66조의4제1항 중 "「교육공무원법」 제52조 각 호"를 "「국가공무원법」 제83조의2제1항제1호 각 목 및 「교육공무원법」 제52조제5호"로 한다.

제66조의6제1항 중 "「교육공무원법」 제52조 각 호"를 "「국가공무원법」 제83조의2제1항제1호 각 목"으로 한다.

부칙 〈제19065호, 2022. 12. 13.〉

이 법은 공포한 날부터 시행한다.

부칙 〈제19341호, 2023. 4. 11.〉 (국가공무원법)

제1조(시행일) 이 법은 공포 후 6개월이 경과한 날부터 시행한다. 〈단서 생략〉

제2조 부터 제4조까지 생략

제5조(다른 법률의 개정) 교육공무원법 일부를 다음과 같이 개정한다.

제53조제2항 중 "같은 항 단서"를 "같은 조 제2항제1호 중 "제71조제1항제1호"는 "「교육공무원법」 제44조제1항제1호"로 보며, 같은 항 제2호"로 한다.

부칙 〈제20377호, 2024. 3. 19.〉 (지방공무원법)

제1조(시행일) 이 법은 공포 후 6개월이 경과한 날부터 시행한다. 〈단서 생략〉

제2조 부터 제5조까지 생략

제6조(다른 법률의 개정) 교육공무원법 일부를 다음과 같이 개정한다.

제57조제2항 중 “같은 항 본문”을 “같은 항 각 호 외의 부분 본문”으로, “같은 항 단서”를 “같은 항 제1호 중 ”제63조제1항제1호“는 ”「교육공무원법」 제44조제1항제1호“로 보며, 같은 항 제2호”로 한다.

제61조제2항 중 “같은 항 본문”을 “같은 항 각 호 외의 부분 본문”으로, “같은 항 단서”를 “같은 항 제1호 중 ”제63조제1항제1호“는 ”「교육공무원법」 제44조제1항제1호“로 보며, 같은 항 제2호”로 한다.

별표 / 서식

[별표 1] 교육전문직원의 자격기준(제9조 관련)

[별표 2] 가산점의 종류(제11조제1항 관련)

대한민국 법령 시리즈 220

교육공무원법

법 령

2025년 5월 8일 인쇄 정가 13,000원
2025년 5월 18일 발행

편 저 편집부
디 자 인 송영미
발 행 인 조준형 http://www.hgbookpub.com
발 행 처 해광출판사 E-mail : munbookcokr@naver.com
주 소 부산광역시 중구 해관로 41-1 (중앙동2가)
전화번호 (051) 253-0001 팩스 (051) 245-1187
등 록 제 2012-000005호

해광출판사에서는 여러분의 소중한 원고와 함께 할 기회를 기다리고 있습니다. 책으로 엮을 원고나 아이디어가 있으신 분들은 이메일 munbookcokr@naver.com로 책에 대한 간단한 개요와 원고 전체 또는 일부를 연락처와 함께 보내주십시오.

ISBN 979-11-6881-824-8

※ 법령 출처 : 법제처 국가법령정보센터
※ 본 도서는 〈공공데이터 제공 및 이용 활성화에 관한 법률〉을 근거로 출판되었습니다.

해광출판사 대한민국 법령 시리즈

001. 선원법
002. 어선법
003. 선박직원법
004. 해사안전기본법
005. 해양환경관리법
006. 선박의 입항 및 출항등에 관한 법률
007. 학교안전사고예방 및 보상에 관한 법률
008. 종합부동산세법
009. 방위사업법
010. 행정규제기본법
011. 식품산업진흥법
012. 위험물안전관리법
013. 화재의 예방 및 안전관리에 관한 법률
014. 도시가스사업법
015. 실내공기질관리법
016. 지방세법
017. 소득세법
018. 법인세법
019. 도선법
020. 선박안전법
021. 선박법
022. 수산업법
023. 고압가스안전관리법
024. 국민연금법
025. 공동주택관리법
026. 화학물질관리법
027. 어선원 및 어선 재해보상보험법
028. 장기등 이식에 관한 법률
029. 자연재해대책법
030. 공유재산 및 물품 관리법
031. 산업입지 및 개발에 관한 법률
032. 부정경쟁방지 및 영업비밀보호에 관한 법률
033. 금융지주회사법
034. 온실가스 배출권의 할당 및 거래에 관한 법률
035. 건축사법
036. 산림문화휴양에 관한 법률
037. 전기사업법
038. 사립학교법
039. 고등교육법
040. 액화석유가스의 안전관리 및 사업법
041. 선박투자회사법
042. 수산자원관리법
043. 위험물선박운송및저장규칙
044. 선박평형수관리법
045. 주택임대차보호법
046. 상가건물임대차보호법
047. 지방공기업법
048. 승강기안전관리법
049. 수목원·정원의 조성 및 진흥에 관한 법률
050. 민법
051. 치료감호 등에 관한 법률
052. 대부업 등의 등록 및 금융이용자 보호에 관한 법률
053. 사료관리법
054. 무형문화재 보전 및 진흥에 관한 법률
055. 총포·도검·화약류 등의 안전관리에 관한 법률
056. 경찰관직무집행법
057. 시설물의 안전 및 유지관리에 관한 특별법
058. 수산생물질병 관리법
059. 소비자기본법
060. 국제선박등록법
061. 정보통신망 이용촉진 및 정보보호 등에 관한 법률
062. 해운법
063. 농수산물 품질관리법
064. 수산업협동조합법
065. 해외건설촉진법
066. 수상레저안전법
067. 공무원재해보상법
068. 수상에서의 수색·구조 등에 관한 법률
069. 어촌어항법
070. 항만법
071. 항만운송사업법
072. 해양경비법
073. 해양사고의 조사 및 심판에 관한 법률
074. 외국인근로자의 고용 등에 관한 법률
075. 중소기업기본법
076. 자유무역지역의 지정 및 운영에 관한 법률
077. 대기환경보전법
078. 소음진동관리법
079. 폐기물관리법
080. 하수도법
081. 물환경보전법
082. 토양환경보전법
083. 환경정책기본법
084. 산업재해보상보험법
085. 관세법
086. 노동조합 및 노동관계조정법
087. 근로기준법
088. 군인연금법
089. 먹는물관리법
090. 기술보증기금법
091. 관광진흥법
092. 감염병의 예방 및 관리에 관한 법률
093. 사법경찰관리의 직무를 수행할 자와 그 직무범위에 관한 법률
094. 수의사법
095. 가정폭력방지 및 피해자보호 등에 관한 법률
096. 환경영향평가법
097. 체육시설의 설치 · 이용에 관한 법률
098. 장사 등에 관한 법률
099. 상호저축은행법
100. 은행법
101. 보호관찰 등에 관한 법률
102. 형법
103. 자동차관리법
104. 형사소송법
105. 전자금융거래법
106. 마약류 불법거래 방지에 관한 특례법
107. 도로법
108. 주세법
109. 변리사법
110. 하천법
111. 중소기업진흥에 관한 법률
112. 발달장애인 권리보장 및 지원에 관한 법률
113. 주택법
114. 장애인복지법
115. 농어업경영체 육성 및 지원에 관한 법률
116. 공인중개사법
117. 건강기능식품에 관한 법률
118. 예비군법
119. 개발제한구역의 지정 및 관리에 관한 특별조치법
120. 국유재산법
121. 주차장법
122. 환경기술 및 환경산업 지원법
123. 대기관리권역의 대기환경개선에 관한 특별법
124. 악취방지법
125. 미세먼지 저감 및 관리에 관한 특별법
126. 가축분뇨의 관리 및 이용에 관한 법률
127. 물의 재이용 촉진 및 지원에 관한 법률
128. 물관리기본법
129. 물관리기술 발전 및 물산업 진흥에 관한 법률
130. 자원의 절약과 재활용촉진에 관한 법률
131. 전기 · 전자제품 및 자동차의 자원순환에 관한 법률
132. 건설폐기물의 재활용촉진에 관한 법률
133. 수도권매립지관리공사의 설립 및 운영 등에 관한 법률
134. 폐기물의 국가 간 이동 및 그 처리에 관한 법률
135. 폐기물처리시설 설치촉진 및 주변지역지원 등에 관한 법률
136. 자원순환기본법
137. 잔류성오염물질 관리법
138. 환경분쟁 조정법

해광출판사 대한민국 법령 시리즈

139. 화학물질의 등록 및 평가 등에 관한 법률
140. 환경오염시설의 통합관리에 관한 법률
141. 환경오염피해 배상책임 및 구제에 관한 법률
142. 중소기업제품 구매촉진 및 판로지원에 관한 법률
143. 환경개선비용 부담법
144. 환경분야 시험·검사 등에 관한 법률
145. 환경친화적 산업구조로의 전환촉진에 관한 법률
146. 환경친화적 자동차의 개발 및 보급 촉진에 관한 법률
147. 환경범죄 등의 단속 및 가중처벌에 관한 법률
148. 생명윤리 및 안전에 관한 법률
149. 장애인차별금지 및 권리구제 등에 관한 법률
150. 부동산투자회사법
151. 정치자금법
152. 과학기술기본법
153. 대리점거래의 공정화에 관한 법률
154. 상속세 및 증여세법
155. 학원의 설립 · 운영 및 과외교습에 관한 법률
156. 해양심층수의 개발 및 관리에 관한 법률
157. 전기용품 및 생활용품 안전관리법
158. 사회기반시설에 대한 민간투자법
159. 공직선거법
160. 정당법
161. 유류오염손해배상 보장법
162. 부정청탁 및 금품등 수수의 금지에 관한 법률
163. 항로표지법
164. 어장관리법
165. 민방위기본법
166. 공직자윤리법
167. 선거관리위원회법
168. 유선 및 도선 사업법
169. 전기공사업법
170. 사회복지사업법
171. 택지개발촉진법
172. 국가공무원법
173. 민간임대주택에 관한 특별법
174. 어음법·수표법
175. 민사집행법
176. 상법
177. 문화예술진흥법
178. 중소기업협동조합법
179. 농업협동조합법
180. 도로교통법
181. 의료사고 피해구제 및 의료분쟁 조정 등에 관한 법률
182. 산림보호법
183. 소년법
184. 동물보호법
185. 건축물관리법
186. 도시개발법
187. 화물자동차 운수사업법
188. 도시 및 주거환경정비법
189. 의료법
190. 국회법
191. 응급의료에 관한 법률
192. 출입국관리법
193. 노인복지법
194. 산림자원의 조성 및 관리에 관한 법률
195. 청소년 보호법
196. 초 · 중등교육법
197. 혁신도시 조성 및 발전에 관한 특별법
198. 경제자유구역의 지정 및 운영에 관한 특별법
199. 공공기관의 운영에 관한 법률
200. 대한민국헌법
201. 국민기초생활 보장법
202. 저작권법
203. 가사소송법
204. 국가유공자 등 예우 및 지원에 관한 법률
205. 국민체육진흥법
206. 전통주 등의 산업진흥에 관한 법률
207. 재난 및 안전관리 기본법
208. 정보통신공사업법
209. 주식회사 등의 외부감사에 관한 법률
210. 공익사업을 위한 토지 등의 취득 및 보상에 관한 법률
211. 개인정보 보호법
212. 국세기본법
213. 에너지이용 합리화법
214. 감정평가 및 감정평가사에 관한 법률
215. 국가인권위원회법
216. 가맹사업거래의 공정화에 관한 법률
217. 보건의료기본법
218. 산업안전보건법
219. 법무사법
220. 교육공무원법
221. 특허법
222. 민사소송법
223. 아동복지법
224. 전파법
225. 하도급거래 공정화에 관한 법률
226. 기초연금법
227. 사립학교교직원 연금법
228. 직업안정법
229. 장애아동 복지지원법
230. 부동산등기법
231. 자동차손해배상 보장법
232. 철도안전법
233. 항공안전법
234. 전자상거래 등에서의 소비자보호에 관한 법률
235. 독점규제 및 공정거래에 관한 법률
236. 상표법
237. 채무자 회생 및 파산에 관한 법률
238. 공무원연금법
239. 축산법
240. 근로복지기본법
241. 민원 처리에 관한 법률
242. 약사법
243. 방문판매 등에 관한 법률
244. 건축기본법
245. 지방세기본법
246. 지방세징수법
247. 지방자치법
248. 도시교통정비 촉진법
249. 공공주택 특별법
250. 국세징수법
251. 공인노무사법
252. 중대재해 처벌 등에 관한 법률
253. 외무공무원법
254. 소방시설공사업법
255. 검역법
256. 공중위생관리법
257. 할부거래에 관한 법률
258. 인터넷 멀티미디어 방송사업법
259. 전기통신사업법
260. 제품안전기본법
261. 철도사업법
262. 어린이제품 안전 특별법
263. 영유아보육법
264. 원자력안전법
265. 보험업법
266. 경비업법
267. 교통안전법
268. 세무사법
269. 관세사법
270. 공인회계사법
271. 지방공무원법
272. 고용정책 기본법
273. 국가경찰과 자치경찰의 조직 및 운영에 관한 법률
274. 협동조합 기본법
275. 재해구호법
276. 환경보건법

해광출판사 대한민국 법령 시리즈

277. 자살예방 및 생명존중문화 조성을 위한 법률
278. 소방산업의 진흥에 관한 법률
279. 소방기본법
280. 비송사건절차법
281. 자연환경보전법
282. 변호사법
283. 기업구조조정투자회사법
284. 전기통신기본법
285. 에너지법
286. 해양생태계의 보전 및 관리에 관한 법률
287. 사회보장기본법
288. 통신비밀보호법
289. 공증인법
290. 물류시설의 개발 및 운영에 관한 법률
291. 청소년활동 진흥법
292. 형의 집행 및 수용자의 처우에 관한 법률
293. 도시공원 및 녹지 등에 관한 법률
294. 태권도 진흥 및 태권도공원 조성 등에 관한 법률
295. 녹색건축물 조성 지원법
296. 우편법
297. 예금자보호법
298. 건설산업기본법
299. 금융회사의 지배구조에 관한 법률
300. 장애인활동 지원에 관한 법률
301. 언론중재 및 피해구제 등에 관한 법률
302. 국가재정법
303. 농지법
304. 게임산업진흥에 관한 법률
305. 정신건강증진 및 정신질환자 복지서비스 지원에 관한 법률
306. 디자인보호법
307. 의료기사 등에 관한 법률
308. 스마트도시 조성 및 산업진흥 등에 관한 법률
309. 내수면어업법
310. 한국주택금융공사법
311. 의료기기법
312. 유통산업발전법
313. 전통시장 및 상점가 육성을 위한 특별법
314. 여신전문금융업법
315. 해외자원개발 사업법
316. 산업교육진흥 및 산학연협력촉진에 관한 법률
317. 빈집 및 소규모주택 정비에 관한 특례법
318. 기업도시개발 특별법
319. 전력기술관리법
320. 국토기본법
321. 지하수법
322. 식품위생법
323. 광업법
324. 호스피스·완화의료 및 임종과정에 있는 환자의 연명의료결정 에 관한 법률
325. 주식·사채 등의 전자등록에 관한 법률
326. 표시·광고의 공정화에 관한 법률
327. 골재채취법
328. 국민건강증진법
329. 새마을금고법
330. 여객자동차 운수사업법
331. 마리나항만의 조성 및 관리 등에 관한 법률
332. 한부모가족지원법
333. 국가를 당사자로 하는 계약에 관한 법률
334. 지방자치단체를 당사자로 하는 계약에 관한 법률
335. 축산물 위생관리법
336. 병역법
337. 음악산업진흥에 관한 법률
338. 국가균형발전 특별법
339. 첨단재생의료 및 첨단바이오의약품 안전 및 지원에 관한 법률
340. 공간정보의 구축 및 관리 등에 관한 법률
341. 공유수면 관리 및 매립에 관한 법률
342. 농수산물 유통 및 가격안정에 관한 법률
343. 아시아문화중심도시 조성에 관한 특별법
344. 신탁법
345. 자연공원법
346. 생활화학제품 및 살생물제의 안전관리에 관한 법률
347. 군인사법
348. 국제조세조정에 관한 법률
349. 낙동강수계 물관리 및 주민지원 등에 관한 법률
350. 수민능복법
351. 집합건물의 소유 및 관리에 관한 법률
352. 집단에너지사업법
353. 산림조합법
354. 반도체집적회로의 배치설계에 관한 법률
355. 자본시장과 금융투자업에 관한 법률
356. 담보부사채신탁법
357. 근로자퇴직급여 보장법
358. 국제과학비즈니스벨트 조성 및 지원에 관한 특별법
359. 수도법
360. 식품 등의 표시 · 광고에 관한 법률
361. 약관의 규제에 관한 법률
362. 인삼산업법
363. 종자산업법
364. 항공사업법
365. 건설기계관리법
366. 군형법
367. 궤도운송법
368. 기술의 이전 및 사업화 촉진에 관한 법률
369. 농수산물의 원산지 표시 등에 관한 법률
370. 담배사업법
371. 석유 및 석유대체연료 사업법
372. 가축전염병 예방법
373. 농어촌정비법
374. 식물신품종 보호법
375. 항공보안법
376. 중소기업창업 지원법
377. 군사법원법
378. 우주개발 진흥법
379. 해저광물자원 개발법
380. 산림복지 진흥에 관한 법률
381. 지능형 로봇 개발 및 보급 촉진법
382. 헌법재판소법
383. 옥외광고물 등의 관리와 옥외광고산업 진흥에 관한 법률
384. 혈액관리법
385. 국제항해선박 등에 대한 해적행위 피해예방에 관한 법률
386. 유료도로법
387. 독립유공자예우에 관한 법률
388. 신에너지 및 재생에너지 개발 · 이용 · 보급 촉진법
389. 신용정보의 이용 및 보호에 관한 법률
390. 출판문화산업 진흥법
391. 공항시설법
392. 국민 평생 직업능력 개발법
393. 아동 · 청소년의 성보호에 관한 법률
394. 방송법쉬
395. 신용보증기금법
396. 화장품법
397. 청소년 기본법
398. 인터넷주소자원에 관한 법률
399. 양곡관리법
400. 도로명주소법
401. 전자문서 및 전자거래 기본법
402. 산업기술의 유출방지 및 보호에 관한 법률
403. 국가기술자격법
404. 양식산업발전법
405. 산업기술혁신 촉진법
406. 새만금사업 추진 및 지원에 관한 특별법
407. 전자정부법
408. 지역 개발 및 지원에 관한 법률
409. 한국농어촌공사 및 농지관리기금법
410. 계량에 관한 법률
411. 기업활동 규제완화에 관한 특별조치법
412. 군에서의 형의 집행 및 군수용자의 처우에 관한 법률

해광출판사 대한민국 법령 시리즈

413. 규제자유특구 및 지역특화발전특구에 관한 규제특례법
414. 금융위원회의 설치 등에 관한 법률
415. 남녀고용평등과 일·가정 양립 지원에 관한 법률
416. 농어업인 삶의 질 향상 및 농어촌지역 개발촉진에 관한 특별법
417. 댐건설·관리 및 주변지역지원 등에 관한 법률
418. 국가유산수리 등에 관한 법률
419. 법원조직법
420. 보훈보상대상자 지원에 관한 법률
421. 부패방지 및 국민권익위원회의 설치와 운영에 관한 법률
422. 과학기술분야 정부출연연구기관 등의 설립·운영 및 육성에 관한 법률
423. 연구개발특구의 육성에 관한 특별법
424. 친환경농어업 육성 및 유기식품 등의 관리·지원에 관한 법률
425. 연안관리법
426. 영화 및 비디오물의 진흥에 관한 법률
427. 신용협동조합법
428. 방송통신발전 기본법
429. 범죄피해자 보호법
430. 가축 및 축산물 이력관리에 관한 법률
431. 국가표준기본법
432. 국가통합교통체계효율화법
433. 범죄인 인도법
434. 국가과학기술 경쟁력 강화를 위한 이공계지원 특별법
435. 국제경기대회 지원법
436. 금융혁신지원 특별법
437. 수자원의 조사·계획 및 관리에 관한 법률
438. 축산자조금의 조성 및 운용에 관한 법률
439. 소방시설 설치 및 관리에 관한 법률
440. 양성평등기본법
441. 축산계열화사업에 관한 법률
442. 수입식품안전관리 특별법
443. 대외무역법
444. 국가연구개발사업 등의 성과평가 및 성과관리에 관한 법률
445. 무역보험법
446. 기술사법
447. 광산안전법
448. 농약관리법
449. 농업·농촌 및 식품산업 기본법
450. 문화산업진흥 기본법
451. 부담금관리 기본법
452. 야생생물 보호 및 관리에 관한 법률
453. 한국은행법
454. 별정우체국법
455. 원양산업발전법
456. 콘텐츠산업 진흥법
457. 한국수출입은행법
458. 외국인투자 촉진법
459. 물류정책기본법
460. 전자서명법
461. 산업발전법
462. 산업표준화법
463. 소프트웨어 진흥법
464. 토지이용규제 기본법
465. 해수욕장의 이용 및 관리에 관한 법률
466. 정보통신 진흥 및 융합 활성화 등에 관한 특별법
467. 정보통신산업 진흥법
468. 지진·화산재해대책법
469. 소금산업진흥법
470. 위치정보의 보호 및 이용 등에 관한 법률
471. 외국법자문사법
472. 이러닝(전자학습)산업 발전 및 이러닝 활용 촉진에 관한 법률
473. 암관리법
474. 실용신안법
475. 가족관계의 등록 등에 관한 법률
476. 무인도서의 보전 및 관리에 관한 법률
477. 감사원법
478. 정보보호산업의 진흥에 관한 법률
479. 결혼중개업의 관리에 관한 법률
480. 공익신고자 보호법
481. 박물관 및 미술관 진흥법
482. 낚시 관리 및 육성법
483. 동산·채권 등의 담보에 관한 법률
484. 임금채권보장법
485. 국민투표법
486. 농림수산업자 신용보증법
487. 국가채권 관리법
488. 중소기업은행법
489. 식품안전기본법
490. 외국환거래법
491. 발명진흥법
492. 건설기술 진흥법
493. 기후위기 대응을 위한 탄소중립·녹색성장 기본법
494. 인체조직안전 및 관리 등에 관한 법률
495. 엔지니어링산업 진흥법
496. 신문 등의 진흥에 관한 법률
497. 식물방역법
498. 석탄산업법
499. 산업융합 촉진법
500. 비료관리법
501. 임업 및 산촌 진흥촉진에 관한 법률
502. 복권 및 복권기금법
503. 대규모유통업에서의 거래 공정화에 관한 법률
504. 뉴스통신 진흥에 관한 법률
505. 지능정보화 기본법
506. 자격기본법
507. 중소기업 기술혁신 촉진법
508. 국가공간정보 기본법
509. 농어업재해대책법
510. 방송광고판매대행 등에 관한 법률
511. 지식재산 기본법
512. 초고층 및 지하연계 복합건축물 재난관리에 관한 특별법
513. 해양 조사와 해양정보 활용에 관한 법률
514. 공간정보산업 진흥법
515. 공공기관의 정보공개에 관한 법률
516. 행정기본법
517. 해상교통안전법
518. 농어업재해보험법
519. 문화유산의 보존 및 활용에 관한 법률
520. 자연유산의 보존 및 활용에 관한 법률
521. 국토의 계획 및 이용에 관한 법률
522. 건축법
523. 국민건강보험법
524. 계엄법
525. 환경친화적 선박의 개발 및 보급 촉진에 관한 법률
526. 해양폐기물 및 해양오염퇴적물 관리법
527. 연안사고 예방에 관한 법률
528. 전기안전관리법
529. 의약품 등의 안전에 관한 규칙
530. 공공보건의료에 관한 법률
531. 군보건의료에 관한 법률
532. 농어촌 등 보건의료를 위한 특별조치법

*** 해광출판사의 법령 시리즈는 계속 발행 됩니다.**
**** 각 도서의 개정판은 인쇄일을 기준으로 제작 되었습니다.**